Abdelghni Lakehal

Indexation et recherche d'image et d'objet 3D dans la base de données

Abdelghni Lakehal

Indexation et recherche d'image et d'objet 3D dans la base de données

Recherche dans les grandes bases d'images 2D et d'objets 3D

Presses Académiques Francophones

Impressum / Mentions légales

Bibliografische Information der Deutschen Nationalbibliothek: Die Deutsche Nationalbibliothek verzeichnet diese Publikation in der Deutschen Nationalbibliografie; detaillierte bibliografische Daten sind im Internet über http://dnb.d-nb.de abrufbar.

Alle in diesem Buch genannten Marken und Produktnamen unterliegen warenzeichen-, marken- oder patentrechtlichem Schutz bzw. sind Warenzeichen oder eingetragene Warenzeichen der jeweiligen Inhaber. Die Wiedergabe von Marken, Produktnamen, Gebrauchsnamen, Handelsnamen, Warenbezeichnungen u.s.w. in diesem Werk berechtigt auch ohne besondere Kennzeichnung nicht zu der Annahme, dass solche Namen im Sinne der Warenzeichen- und Markenschutzgesetzgebung als frei zu betrachten wären und daher von jedermann benutzt werden dürften.

Information bibliographique publiée par la Deutsche Nationalbibliothek: La Deutsche Nationalbibliothek inscrit cette publication à la Deutsche Nationalbibliografie; des données bibliographiques détaillées sont disponibles sur internet à l'adresse http://dnb.d-nb.de.

Toutes marques et noms de produits mentionnés dans ce livre demeurent sous la protection des marques, des marques déposées et des brevets, et sont des marques ou des marques déposées de leurs détenteurs respectifs. L'utilisation des marques, noms de produits, noms communs, noms commerciaux, descriptions de produits, etc, même sans qu'ils soient mentionnés de façon particulière dans ce livre ne signifie en aucune façon que ces noms peuvent être utilisés sans restriction à l'égard de la législation pour la protection des marques et des marques déposées et pourraient donc être utilisés par quiconque.

Coverbild / Photo de couverture: www.ingimage.com

Verlag / Editeur:
Presses Académiques Francophones
ist ein Imprint der / est une marque déposée de
AV Akademikerverlag GmbH & Co. KG
Heinrich-Böcking-Str. 6-8, 66121 Saarbrücken, Deutschland / Allemagne
Email: info@presses-academiques.com

Herstellung: siehe letzte Seite /
Impression: voir la dernière page
ISBN: 978-3-8381-7899-8

Résumé : Ce travail s'inscrit dans le cadre de la recherche d'information par le contenu. Dans ce contexte, nous nous intéressons plus particulièrement à l'indexation de forme 2D et d'objets tridimensionnels, qui a pour objectif de les caractériser pour permettre de calculer des distances de similarité entre les formes et ainsi entre les objets.

La première approche a pour but l'indexation et la recherche dans les bases de formes, pour cela nous avons développé une méthode d'indexation basée sur des primitives extraites à partir du contour représentant la forme. Nous avons utilisé la courbure euclidienne pour l'extraction de ces primitives, trois vecteurs descripteurs ont été utilisé pour représenté la forme. La non invariance de ce descripteur face à l'étirement nous incite de l'amélioré en utilisant l'abscisse affine normalisée. Cette version montre la robustesse et l'efficacité pour la recherche dans des grandes bases de formes.

La seconde approche est consacrée pour les objets 3D. Nous avons proposé un descripteur basé sur un ensemble d'images binaires extraites de l'objet, cet ensemble noté CLI. Les vecteurs descripteurs d'image qui construisent cet ensemble forme le descripteur de l'objet 3D. Les tests que nous avons mené sur des bases extraites à partir de deux bases très connues, montre l'intérêt de notre descripteur.

Mots clés : Indexation, descripteur de forme, objet 3D, image de niveau, courbure, espace affine.

Abstract : Our research has an objective to find the information by content. In this context, we are interested in the indexing and retrieval of the 2D forms and 3D models that have a goal to characterize that permit to calculate the similarity between these forms.

The first approach has to indexing and research in the forms database, for this we developed a method of indexing, based on the extracted primitives from the contour representing the form. We used the Euclidian curvature for this raison ; three vectors descriptors have utilized to represent the shape. The non invariance of the descriptor under shear transformation that let us to improve the proposed descriptor by using the affine curvature. This improved version presents its robustness and efficacies to research in the big database forms.

The second approach has a target to indexing the 3Dmodel. We proposed a new descriptor based on set of binary image extracted from the 3D object noted CLI. The vectors descriptors extracted from these images are used as vectors descriptors of the 3D model. The test that we have made in some extracted database from famous database illustrates the interest of our descriptor.

Keywords : Indexing, shape descriptor, 3D object, level image, curvature, affine space.

Table des matières

Table des figures

Liste des tableaux

Liste des Algorithmes

CHAPITRE 1

Introduction générale

L'arrivée de l'informatique dans le grand public correspond à l'arrivée de ce que la presse a rapidement appelé *multimédia*. Sous ce terme générique se cachent toutes les données et les techniques informatiques qui semblent réelles à l'utilisateur final : sons, images, vidéos, etc. Alors que les outils pour créer et modifier ces données sont déjà bien présents et utilisés par les professionnels, on se rend compte qu'il en existe très peu capables de les analyser ou de les retrouver.

Il en résulte que la masse des données devient chaque jour plus importante, car il est facile de créer de nouvelles données que d'essayer de chercher des données ressemblantes puis de les modifier. C'est notamment vrai pour les images 2D, ainsi que pour les données en trois dimensions, dites 3D.

Depuis l'émergence des la Conception Assisté par Ordinateurs (CAO), l'archivage, la structuration et la recherche dans des bases de modèles 3D constituent des domaines de recherche privilégiées de notre communauté. Cette thèse s'inscrit dans ce cadre, et plus généralement, dans la recherche d'information par le contenu. Dans ce contexte, nous nous intéressons plus particulièrement à l'indexation de formes 2D et 3D.

Les travaux présentés dans cette thèse s'inscrivent dans le domaine de la reconnaissance de formes et son utilisation dans l'indexation des objets bidimensionnels et tridimensionnels. Il s'agit de deux domaines fondamentaux et très vastes de la vision par ordinateur.

Il est bien connu que l'indexation des bases d'images est un thème de recherche qui présente un enjeu important pour la communauté scientifique et industrielle. En effet, les bases d'images contiennent plusieurs millions d'images et occupent plusieurs téraoctets. Le nombre croissant d'images a accru dramatiquement le besoin d'outils automatiques de collection d'images.

Les chercheurs dans le domaine de la vision par ordinateur se posent le problème de l'indexation automatique d'images fondée sur leurs contenus. Ce thème de recherche est souvent appelé "recherche d'images par le contenu" (Content based image retrieval).

La recherche d'images par le contenu se base sur des primitives classiques d'une image (couleur, forme, texture, etc.) combinés avec des méthodes de plus haut niveau (citons par exemple Relevance feedback, la requête partiel, etc.). Il s'agit de s'affranchir des problèmes d'interprétation et de diminuer le temps de l'indexation, et aussi d'être en mesure de répondre à des demandes très spécifiques de la médecine, la surveillance ou l'éducation, qui veulent retrouver rapidement dans leurs bases, des images répondant à des critères spécifiques. Les besoins sont déjà très importants, et il pourrait se découvrir régulièrement de nouvelles applications.

Différents types de descripteurs sont proposé qui peuvent être classés en deux catégories, les descripteurs globaux d'indexation d'images et les descripteurs locaux.

L'avancement rapide des technologies de l'informatique ont révolutionné les moyens de communications permettant d'échanger de nombreux documents. La facilité de création de ces documents, que ce soit par des appareils photos numériques personnels, des caméscopes, par des scanners 2D ou 3D ou par des logiciels de création, a entraîné une forte augmentation des bases d'objets multi-médias et, par la même, des besoins de recherches et de classifications. Les processus de conception assistée par ordinateurs (CAO) pour les objets 3D ont supplanté le dessin technique et se trouvés rapidement dans les bureaux de designs et des cabinets d'ingénieries. Ces champs d'applications, comme les forums de discussions 3D, où les utilisateurs se déplacent dans un environnement 3D et sont identifiés par un avatar en trois dimensions, ou la diffusion au grand public d'objets 3D sous forme de notice de réparation, ont fortement augmenté le nombre d'utilisateurs de modèles 3D et les bases d'objets.

Pour répondre au problème de manipulation et de l'utilisation efficace d'un objet 3D, il faut développer de nouvelles fonctionnalités permettant de résoudre ces problèmes : format d'échange, programme de rendu, programme de conception, compression, sécurisation... Une fonctionnalité importante demandée par les utilisateurs de bases d'objets 3D, est la possibilité de structurer les bases et de permettre de rechercher des objets au sein d'une grande collection. La nature des modèles 3D demande la mise en place de procédés d'indexation propre à ces données. Plusieurs méthodes ont été proposées par la communauté et conduisent à la mise en place de système permettant de caractérise les objets 3D en utilisant leur forme et de faire des objets exemples où requêtes par similarité.

Dans ce contexte nous nous intéressons à deux problèmes :

1. l'indexation des formes 2D par deux descripteurs, le premier prend ces paramètres dans l'espace Euclidien et l'autre dans l'espace affine,

2. l'indexation d'objets 3D par un descripteur utilisant des images extraites de l'objet appelées images de niveaux.

Nous proposons d'indexer les formes 2D représentées par leurs contours externes, en se basant sur les points d'inflexions calculés par l'utilisation de l'abscisse affine normalisée. Pour chaque deux points d'inflexions successive du contour en extrayant trois vecteurs descripteurs : *vecteur surface*, *vecteur courbure* et *vecteur distance*, c'est trois vecteurs sont utilisés pour mesurer la similarité en les formes. Le descripteur est invariant à la translation et à la rotation mais non pas au changement d'échelle et à l'étirement, pour le rendre invariant à ces quatre transformations (groupe affine) nous avons substitué la paramétrisation par l'abscisse curviligne par celle affine normalisé, ainsi nous avons éliminé le vecteur distance.

Pour l'indexation d'objets 3D par le contenu, alors nous avons proposé un descripteur basé sur un ensemble d'images binaires extraites à partir de l'objet à indexer, par l'intersection de ce dernier avec un ensemble des plans perpendiculaires à l'axe (ox) équidistants, cet ensemble est appelé l'ensemble des images de niveaux caractéristiques noté CLI. En utilisant une méthode de classification pour garder seulement les images les plus représentatives, puis on appel à un descripteur d'images pour extraire les vecteurs descripteurs du modèle 3D. Une mesure de similarité a été introduite pour calculer la similarité entre les modèles de la base.

Approches proposées

Cette thèse compte trois contributions :

1. un descripteur pour la recherche des formes 2D en se basant sur une paramétrisation euclidienne de la courbe utilisant des primitives qui la caractérise, puis sa version améliorée dans l'espace affine.

2. un descripteur pour la recherche de modèles 3D à partir des images binaires extraits suivant l'axe (ox) en utilisant la méthode K-means pour la classification.

3. une version amélioré du descripteur proposé en utilisation deux axe d'extraction et la méthode *X-means* pour la classification de l'ensemble *LI*.

Organisation de la thèse

La thèse est organisée en deux parties.

Première partie de la thèse porte sur l'étude de l'état de l'art des deux approches qui nous intéressent : l'indexation d'images 2D et l'indexation d'objets 3D. Cet état de l'art présente les principales méthodes d'indexation de forme, que ce soit pour les images ou les objets 3D et dévoile les différentes méthodes proposées au sein de la communauté en soulignant les limites et les avantages de chacune.

Deuxième partie est consacrée aux travaux que nous avons réalisés en indexation et recherche dans une base de formes 2D et dans une base d'objets 3D. Nous commençons par les descripteurs proposés pour les formes 2D dans l'espace Euclidien puis dans l'espace affine. Nous présentons également les méthodes que nous avons proposées en indexation d'objets 3D par les images caractéristiques de niveaux.

Etat de l'art en indexation 2D

Sommaire

L'objectif de ce chapitre est faire un survol sur les principaux concepts de base relatifs à la description de formes. Nous présentons d'abord les concepts fondamentaux pour la représentation des formes ainsi que les paramètres qu'on peut les associes. Ensuit, nous introduisons la notion de similarité entre formes suivi d'une présentation des importantes méthodes de recherche par similarité.

2.1 Introduction

L'avènement de l'ère du "tout numérique" ces dernières décennies a conduit à une augmentation considérable du nombre d'images numériques disponibles en ligne. Un faisceau de causes permet d'expliquer cette situation. Peuvent notamment être identifiées, la très large utilisation des appareils photos numériques, l'augmentation des capacités de stockage des ordinateurs personnels et des serveurs, ou encore la multiplication des connexions haut-débit qui permettent d'échanger beaucoup plus facilement des données multimédia.

Quoi qu'il en soit, ce volume considérable d'images numériques est aujourd'hui une réalité. A titre d'illustration, Lyman et Varian [Lyman & Varian 2003] annonçaient il y a quelques années déjà qu'il existait 4 milliards de sites internet, que ce nombre augmentait de 7,3 millions par jours, et qu'un site internet possédait en moyenne 14 photos. Ceci donne une idée du nombre démesuré d'images numériques disponibles aujourd'hui.

De ce contexte émerge logiquement une forte demande d'outils permettant de manipuler ces données. Ainsi, un utilisateur souhaitera classer puis retrouver ses images, ou encore parcourir des collections dans leur intégralité ou par bribes. Au coeur de cette manipulation de données, on trouve le processus dit *d'indexation*. Sans entrer pour l'instant dans le détail, on peut indexer un document, c'est comme le fait de le décrire, en vue de le retrouver plus tard.

Ainsi, indexer une image dans une base, consiste à stocker une information décrivant cette image. Une telle information est appelée index, et peut être de forme variée, comme nous le verrons par la suite.

Enfin, étant donnée une requête, le système doit chercher, sur la base des indexs dont il dispose, s'il existe un ou des documents jugés pertinents en réponse à la requête et les afficher à l'utilisateur.

Ce chapitre présente l'état de l'art en indexation de formes 2D. Ceci regroupe les principaux travaux sur lesquels nous nous sommes basés pour développer nos approches, que ce soit pour indexer des bases d'images en fonction de la forme. Les travaux que nous présenterons dans le chapitre 4 est inspiré de cet état de l'art.

2.2 Concepts fondamentaux

2.2.1 Représentation de formes

La nominalisation de forme prend plusieurs définitions [Gauthier 1991] [Persoon & Fu 1977][Arbter 1989], [Mokhtarian & Mackworth 1992], suivant les différents buts qu'elle peut servir. Par exemple, dans le cas l'analyse géométrique, il prend l'objet dans son aspect général, indépendamment du point de vu ou de la transformation géométrique ou affine appliquée à la forme, d'une autre façon, on peut avoir deux formes différentes d'un même objet par une fonction de transformation. Alors, dans le cas général, la forme est considérée comme un ensemble des caractéristiques configurant l'objet. Elle peut être représentée par son contour ou région :

- **Le contour** c'est l'information du bord exploitée pour représenter la forme, c'est une courbe continue dans le plan. Mathématiquement, nous pouvons définir un

contour comme une frontière entre deux régions de niveaux de gris différent et relativement homogènes.

- **La région** est tous les pixels dans une forme qui sont tenus en compte pour obtenir la représentation de la forme, il peut se composer d'une région simple ou d'un
  ensemble de régions.

La région est une image binaire 2.1(a), où chaque point d'objet est un et le fond est le
zéro. Dans le domaine de la reconnaissance de forme, nous pouvons représenter la région
de la forme par la fonction générale suivante :

$$f(x,y) = \begin{cases} 1 & \text{si } (x,y) \in D \\ 0 & \text{sinon} \end{cases} \qquad (2.1)$$

où D est le domaine de la forme binaire.

Le contour est la collection de tous les points de bord de la région, la représentation de
l'objet dans le Figure. 2.1(b) s'appelle une représentation multi-contours (multi-contours
representation), dans le Figure. 2.1(c) s'appelle une représentation uni-contour (outline
contour representation). Considérons la complexité de représentation et le taux de calcul,
en général la deuxième représentation est souvent utilisée. Son équation paramétrique
discrète dans le système de coordonnées cartésien est définie par :

$$\Gamma(n) = (x(n), y(n)) \quad n \in [0, N-1] \qquad (2.2)$$

il peut être paramétrisé avec un nombre N des sommets et $\Gamma(0) = \Gamma(N)$.

2.2.2 Paramètres de forme

Nous pouvons décomposer la forme binaire en formes primitives [Peura 1997] en utilisant des caractéristiques géométriques associées. Plusieurs aspects peuvent être identifiés
la forme, comme les caractéristiques géométriques, c'est une signature pour l'objet, alors
la mesure de similarité entre les vecteurs descripteurs construits par ces éléments géométriques nous permettent de rechercher la forme dans la base. Quelques caractéristiques
géométriques souvent utilisées sont présentés ci-dessous, quelques unes invariantes aux
transformations géométriques.

- Le centre de gravité

Le centre de gravité est aussi appelé le centroid, sa position est définie par rapport à
la forme.

Image originale

(a)   (b)   (c)

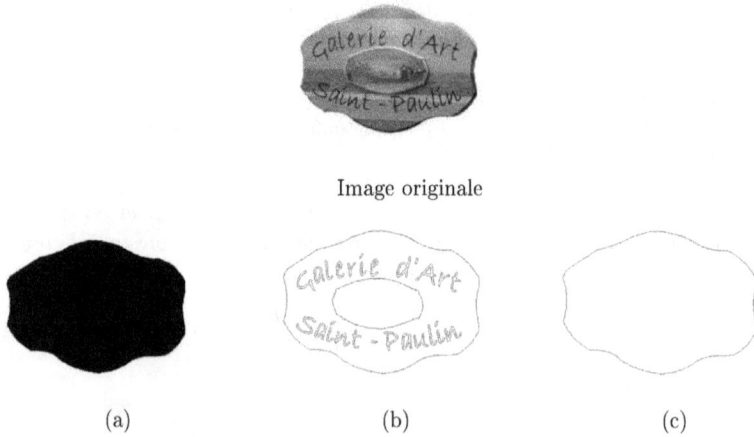

FIGURE 2.1 – La représentation de la forme. (a) :l'image binaire, (b) :représentation multi-contours, (c) :représentation contour externe

Dans le cas où la forme est représentée par sa fonction de région Eq. 2.1, le centre de gravité (x_g, y_g) est donné par :

$$\left\{ \begin{array}{l} x_g = \frac{1}{N} \sum_{i=1}^{N} x_i \\ y_g = \frac{1}{N} \sum_{i=1}^{N} y_i \end{array} \right. \tag{2.3}$$

où N est le nombre de points de la forme ; $(x_i, y_i) \in \{(x_i, y_i)/f(x_i, y_i) = 1\}$.

Si la forme est représenté par son contour Eq. 2.2 la position de son centroid est défini comme suit :

$$\left\{ \begin{array}{l} x_g = \frac{1}{6A} \sum_{i=0}^{N-1} (x_i + x_{i+1})(x_i y_{i+1} - x_{i+1} y_i) \\ y_g = \frac{1}{6A} \sum_{i=0}^{N-1} (y_i + y_{i+1})(x_i y_{i+1} - x_{i+1} y_i) \end{array} \right. \tag{2.4}$$

où A est l'aire de contour et on a :

$$A = \frac{1}{2} \sum_{i=0}^{N-1} |x_i y_{i+1} - x_{i+1} y_i| \tag{2.5}$$

- **Rectangularité**

Elle représente la surface prise par l'objet dans sa boîte englobante [1], c'est le rapport de l'aire de la surface A [2] de la forme avec la surface de la boîte englobante associe Figure.2.2(a). Cette primitive est définie par :

$$Rectangularité = \frac{A_{forme}}{A_{boite\,englobante}} \quad (2.6)$$

C'est un peut difficile de calculer le rectangle englobant minimum pour laquelle Rosin [Rosin 1999] propose une solution intéressante.

- Convexité

La régularité de la forme est mesurer par l'indice de convexité, c'est un rapport du périmètre de la forme avec celui de son enveloppe convexe [Bronnimann *et al.* 2002] Figure.2.2(b) est défini par :

$$Convexité = \frac{P_{forme}}{P_{enveloppe\,convexe}} \quad (2.7)$$

Dans [Peura 1997], les auteurs ont présenté l'algorithme pour construire une enveloppe convexe.

- Compacité

La compacité apporte les informations concernant la complexité de la forme, c'est le rapport du carré du périmètre d'une forme à sa surface Figure.2.2(c) et se définit par :

$$Compacité = \frac{P^2_{forme}}{A_{forme}} \quad (2.8)$$

Pour un objet allongé et bruité sa valeur sera grande mais faible pour un objet rond. La valeur minimal égale à π, est d'ailleurs obtenue pour un cercle.

- Excentricité

Le rapport entre la longueur de l'axe principal et celle de l'axe secondaire d'une forme est appelé excentricité ou ellipticité Figure.2.2(d) et se définit par :

$$Excentricité = \frac{L_{grand\,axe}}{L_{petit\,axe}} \quad (2.9)$$

---

1. rectangle de plus petit aire contenant la forme.
2. repésente l'aire d'une surface

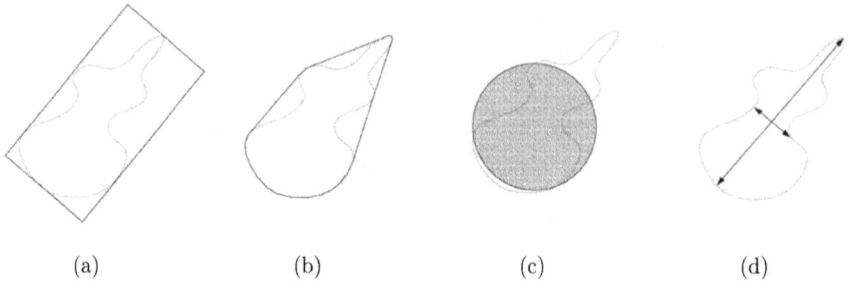

(a)   (b)   (c)   (d)

FIGURE 2.2 – Caractéristiques géométriques simples de forme [Arrivault 2006].

Il y a plusieurs méthodes pour calculer l'excentricité. Peura et al [Peura 1997] proposent naturellement d'utiliser les axes d'inertie de la décomposition en composantes principales du nuage de points de la forme. Rosin [Rosin 2003] fait un calcul direct à partir des moments centrés d'ordre 2.

- Circularité

Le rapport entre le périmètre de la forme et le périmètre du cercle de même aire :

$$Circularité \quad = \quad \frac{P_{forme}}{2\sqrt{A_{forme}.\pi}} \tag{2.10}$$

- Solidité

La solidité décrit la mesure à laquelle la forme est convexe ou concave et elle est défini par :

$$Solidité \quad = \quad \frac{A_{forme}}{A_{enveloppe\,convexe}} \tag{2.11}$$

La solidité d'une forme convexe est toujours 1.

- Rapport de région de trou

Le rapport de région de trou HAR (Hole area ratio) est défini comme :

$$HAR \quad = \quad \frac{A_T}{A_{forme}} \tag{2.12}$$

où A_T est la région totale de tous les trous dans la forme. Pour la distinction entre les formes qui ont de grands trous et des formes avec petit trou, le HAR est le plus efficace [Soffer 1997].

Ces attributs géométriques simples permettent d'obtenir des informations sur la géométrie des régions de la forme. Certains d'eux sont invariants par rapport à certains groupes de transformations géométriques. Ces attributs ne permettent de discriminer des objets que dans les cas où les formes sont simples.

2.2.3 Mesures de similarités

La recherche d'images similaires dans la base est basée sur la similarité des caractéristiques associées à l'image, telles que la couleur, la texture ou la forme. La distance utilisée pour mesurer la similarité dépend des critères de la recherche mais également de la représentation des caractéristiques.

Principalement, l'idée consiste à associer à chaque image un vecteur représentant les caractéristiques de l'image, puis en mesurant la similarité des images par l'utilisation d'une fonction distance entre les vecteurs descripteurs. Dans la littérature, plusieurs mesures de similarité existent, et sont basées soit sur la comparaison directe entre images soit sur la comparaison entre les vecteurs descripteurs d'images.

Nous nous intéressons dans cette étude au premier type de mesure de similarité. Nous présentons dans ce paragraphe les principales mesures de similarité basées sur le modèle métrique. En général, les mesures de similarités doivent vérifier les propriétés suivantes :

- **la perception :** qui traduit le fait que deux images proches dans l'espace des caractéristiques se ressemblent,

- **la scalabilité :** qui exprime le fait que le calcul de distance doit rester invariant à l'augmentation de la taille de la base d'images,

- **la robustesse :** qui implique que la mesure de similarité doit être robuste à un certain nombre de variations de conditions d'acquisition des images (résolution, qualité des données...), et de transformations (échelle, homothétie, translation, rotation...).

La perception humaine de la similarité peut être modélisée par une mesure de distance appropriée dans un espace métrique multidimensionnel. Mathématiquement, une distance est une mesure de l'éloignement entre objets dans un espace métrique : plus les objets sont différents, plus la distance est grande. Plus rigoureusement, une distance doit obligatoirement vérifier ces conditions dans l'ensemble :

$$\mathbf{E} = \mathbb{R}^n = \{(x_1, x_2, \ldots, x_n)/ \ \forall i \in \{1, \ldots, n\}\, x_i \in \mathbb{R}\}$$

On appelle distance sur $\mathbf{E}$, toute application $\boldsymbol{d}$ de $\mathbf{E}^2 = \mathbf{E} \times \mathbf{E}$ dans $\mathbb{R}^+$ qui vérifie les trois axiomes suivants [Copson 1968] :

- $\forall (x, y) \in \mathbf{E}^2\ d(x, y) = d(y, x),$ Axiome de symétrie

- $\forall (x, y) \in \mathbf{E}^2\ d(x, y) = 0 \Longleftrightarrow x = y,$ Axiome de séparation

- $\forall (x, y, y) \in \mathbf{E}^3\ d(x, z) \leq d(x, y) + d(y, z),$ Axiome d'inégalité triangulaire

La notion de distance correspond à ce qui sépare, celle de similarité est relative à ce qui rapproche les individus. Mathématiquement toute distance correspond à plusieurs indices de similarité et réciproquement, ces deux notions sont symétriques. Ainsi une similarité s est une application de $E \times E$ dans $[0, s_{max}]$ telle que :

1. $s(x, y) = s(y, x)$, s est symétrique
2. $s(x, y) = s_{max}$ si et seulement si $x = y$

Les distances sont nombreuses dans la littérature, définies pour des valeurs scalaires, ensemblistes, vectorielles, ...Nous présentons dans la suite les distances les plus couramment utilisées.

Lorsque les données sont assimilées à des vecteurs, ce qui est souvent le cas, les distances de *Minkowski* (Hermann Minkowski, $1864-1909$ ou normes L_p) sont fréquemment employées. Elles sont données par :

$$d_p(u, v) = \left(\sum_{i=1}^{N} \mid u_i - v_i \mid \right)^{\frac{1}{p}} \quad p \geq 1 \tag{2.13}$$

En faisant varier la valeur de p, on obtient différentes fonctions de distance (*Section* 2.3). La *distance de Minkowski* du premier ordre $(p = 1)$ est une distance de Manhattan et la distance de Minkowski du deuxième ordre $(p = 2)$ est une distance Euclidienne. Le choix d'une valeur appropriée pour p dépend de l'importance que nous voulons accorder aux différences. Ainsi les grandes valeurs de p donnent progressivement plus d'importance aux différences les plus grandes et quand p tend vers l'infini la distance de Minkowski tend vers la distance de Tchebychev.

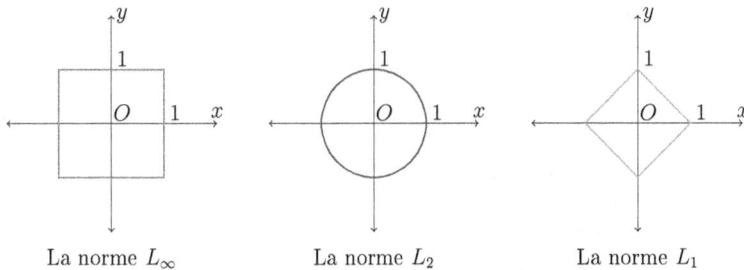

La norme L_∞ La norme L_2 La norme L_1

FIGURE 2.3 – Boules unitaires pour les distances de Minkowski

Distance de Manhattan (La norme L_1)

Pour $m = 1$, on obtient *la distance de Manhattan* :

$$d_1(u,v) = \sum_{i=1}^{N} \mid u_i - v_i \mid \tag{2.14}$$

Cette distance est aussi connue sous le nom de *city-block*. Elle est recommandée par le comité MPEG-7 [Jeannim 2001] pour deux objets dont leurs formes sont décrites par deux vecteurs de même taille.

Distance Euclidienne (La norme L_2)

Lorsque $m = 2$, on obtient *la distance Euclidienne* :

$$d_2(u,v) = \sqrt{\sum_{i=1}^{N}(u_i - v_i)^2} \tag{2.15}$$

C'est la distance la plus fréquemment utilisée grâce à ses propriétés géométriques intéressantes.

Distance de Chebychev (La norme L_∞)

En faisant tendre p vers l'infini, on peut montrer que l'on obtient une nouvelle mesure limite (au sens d'une fonction) qui est elle-même une distance qui s'appèlle *la distance de Chebychev* :

$$d_\infty(u,v) = \max_{i=1}^{N} \mid u_i - v_i \mid \tag{2.16}$$

Distance de hausdorff

Après avoir présenté la distance entre les éléments d'un ensemble, nous définissons maintenant la distance entre ensembles. Une vraie distance entre ensembles est réalisée par *la distance de Hausdorff* [Hausdorff 1962]. Soit A et B deux ensembles compacts non vides d'un espace métrique $\mathbf{E}$, considérons le point de A le plus éloigné de B d'une part, et le point de B le plus éloigné de A. Alors, la distance de Hausdorff est la plus grande valeur des deux. On la formule de la manière suivante :

$$d_H(A, B) = max\{\sup_{a \in A} \inf_{b \in B} d(a, b), \sup_{b \in B} \inf_{a \in A} d(a, b)\} \tag{2.17}$$

où $d(a, b)$ représente la distance (on peut choisir L_1 ou L_2) entre a et b. Il existe de nombreuses autres distances dans la littérature, elles ne seront pas abordées dans ce mémoire.

2.2.4   Méthodes de recherche par similarité

L'indexation d'images par le contenu à pour but de retrouver des images d'un contenu bien précis. Le problème posé est que l'information recherchée peut être de nature très diverse. Les problèmes qui peuvent être posés sont donnés dans la liste ci-dessous :

Recherche par l'exemple : dans ce cas, en utilisant l'image comme référence pour effectuer la recherche. Ainsi, les demandes effectuées seront en fonction des caractéristiques de l'image de référence et même en fonction d'une partie de celle-ci. Par exemple, il est possible de rechercher les images contenant des voitures en sélectionnant une voiture dans une image et en demandant "les images de composition colorimétrique et de texture semblables à celle de cette voiture ".

Recherche par esquisse : nous effectuons le recherche de la même manière que dans le cas précédent, avec la seule déférence est que la référence est un dessin réalisé par l'utilisateur.

Description d'un objet : la recherche d'objets au sein des images est un problème plus délicat. Dans ce cas, l'utilisateur peut vouloir obtenir " la voiture rouge située au centre de l'image ". Il doit spécifie alors l'objet qu'il désire obtenir en le sélectionnant dans une image et en définissant des critères sur cet objet ou sur son positionnement : "forme de voiture", " couleur rouge " et " au centre de l'image". Ce type de demandes est appelé *requête partielle*.

Il apparaît que les problèmes posés sont très variés et que les solutions apportées peuvent être très diverses suivant les contextes, en particulier le type de bases (généralistes ou spécialisées) et le type d'utilisateurs (experts du domaine ou non).

2.2.5 Architecture d'un système de recherche par le contenu

L'architecture d'un système de recherche d'une forme 2D ou 3D par le contenu est basée sur le calcul de similarité entre une forme fourni par l'utilisateur et les formes de la base. En effet, nous calculons la distance entre le vecteur descripteur de la forme exemple et chaque forme de la base, puis on présente les formes résultat à l'utilisateur selon la distance calculée. La Figure 2.4 montre ce principe.

Pour la recherche d'image par le contenu on distingue deux étapes indépendantes :

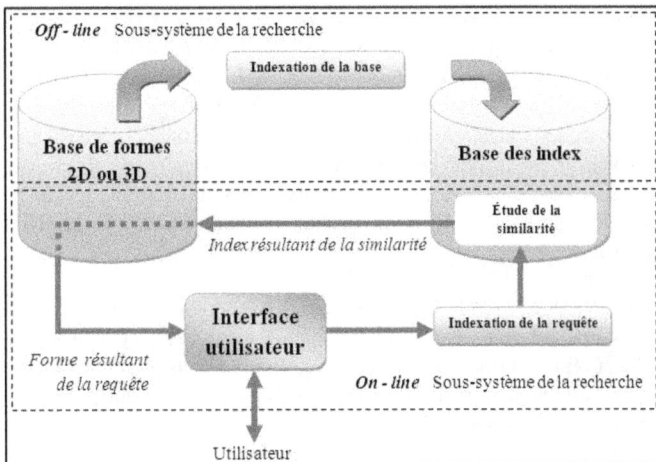

FIGURE 2.4 – Architecture générale des systèmes de recherche dans une base de données

- Une étape hors ligne (*Offline*) dans laquelle l'extraction et le stockage de descripteurs des formes de la base sont réalisés. Le long de cette étape, aucun utilisateur n'est connecté à la base des formes. Cette étape peut donc prendre le temps nécessaire à l'extraction des descripteurs.

- Une étape en ligne (*Online*) dans laquelle l'utilisateur interroge la base en utilisant la forme exemple. Durant cette seconde étape, le facteur du temps de réponse du système est crucial, il faut le réduire au maximum.

2.3 Recherche par similarité

Il est indispensable de se référer à la vérité terrain, définie par l'association "objet-classe", pour évaluer une méthode d'indexation et de recherche d'une forme 2D ou 3D. Celle-ci n'est pas unique, car constituée par un humain qui estime de manière subjective la ressemblance entre deux modèles, et il tente de se rapprocher d'une "vérité". Grâce à cette association, il devient capable d'évaluer les résultats obtenus par une approche. La recherche par similarité permet de retrouver les formes les plus similaires d'un objet exemple fourni par l'utilisateur suivant une mesure de similarité. Deux types de recherche par similarité existent : la recherche des k-plus proches voisins la recherche à ε-près.

– Dans les cas où les résultats souhaités est plus qu'un élément, on parle de la requête k plus proches voisins. Leur principe est de sélectionner k vecteurs les plus proches du vecteur requête au sens de la mesure de similarité associée aux vecteurs. Elle nous permet de d'obtenir automatiquement de k objets dans la liste des résultats. Mais certains objets de parmi la liste de résultat peuvent être trop éloignés de la requête pour être considérés comme similaires. En pratique, la recherche des k-plus proches voisins est la plus courante, car elle ne nécessite pas de connaissances à priori sur la base d'objets, sur la distribution des descripteurs et des mesures de similarité. Dans notre étude, nous considérons uniquement la recherche des k-plus proches voisins.

– Pour la requête à ε-près, il s'agit de retrouver les formes situées à une distance d'au plus ε de la forme requête, et d'éliminer les objets trop éloignés de la requête. Deux inconvénient principal pour cette recherche : la difficulté à contrôler la taille du résultat en fonction de la valeur de ε, et la nécessitée d'une bonne connaissance des données pour être performante.

La performance d'un système d'indexation est très subjective. Généralement, un système peut être considéré comme efficace s'il retourne les informations désirées. La quantification de cette notion est très difficile car le jugement en lui-même est subjectif. Les images retournées sont-elles réellement pertinentes ? La réponse sera différente d'une personne à l'autre.

Il faudrait donc pour évaluer correctement un système que de nombreuses personnes effectuent de nombreuses requêtes. Le terme "nombreux" apparaissant au moins deux fois de trop dans la phrase précédente, un tel système d'analyse paraît irréaliste à grande échelle.

En considérant une base de 10 000 images, la performance réelle du système pourrait être évaluée de manière correcte si 100 personnes (pour l'analyse statistique) effectuaient chacune 1000 recherches (10 % de la taille de la base) et qu'elles déterminaient la pertinence des résultats obtenus selon leurs propres critères. Une solution est de prendre le problème à revers. Au lieu de déterminer si les images retournées sont correctes du point de vue d'un utilisateur, la base d'images est organisée en catégories et seules les images d'une même catégorie sont considérées comme pertinentes.

De cette manière, les recherches peuvent être effectuées automatiquement et les résultats analysés sans intervention humaine. Cette approche est bien évidemment aussi biaisée que la précédente car la génération des différentes catégories est réalisée de manière manuelle et donc subjective. Les deux avantages de cette méthode sont la diminution du temps d'évaluation de la performance d'un système et surtout la possibilité de la comparer à d'autres utilisant la même organisation de la base. Dans ce cadre, les méthodes les plus répandues pour évaluer la recherche d'images sont les notions de **précision** et de **rappel**.

La **précision** correspond au pourcentage d'images pertinentes retrouvées au sein de l'ensemble des images retournées par le système.

Le **rappel** donne le pourcentage d'images pertinentes retournées par rapport au nombre total d'images pertinentes présentes dans la base.

En utilisant les notations de la Figure 2.5, la précision et le rappel sont définis par :

$$Rappel = \frac{B}{A+B} \; ; \quad Précision = \frac{B}{B+C}$$

FIGURE 2.5 – Ensembles d'images obtenus après une requête, A : images pertinentes non retrouvées. B : images pertinentes retrouvées. C : images non pertinentes retrouvées. (A+B) : images pertinentes. (B+C) : images retrouvées.

Il est possible de tracer le graphe *Rappel/Précision*. Ce type de courbes correspond à la performance du système pour une requête donnée en fonction du pourcentage d'images pertinentes retrouvées. Un système parfait aura alors une courbe constante de valeur 1. Plus les courbes tendent vers cet extrême plus les méthodes sont performantes. Ce type de graphique ne portant pas toute l'information désirée [Salton 1992], d'autres mesures basées sur la précision et le rappel peuvent être utilisées :

- P(N), $P(N_R)$: la précision après avoir retrouvé N (valeur quelconque) ou N_R images avec NR le nombre d'images pertinentes pour la requête ;
- la précision moyenne ;
- le rappel à une précision donnée (0.5 par exemple).

Il est aussi possible de définir de nombreuses mesures de qualité d'un système de recherche d'images par le contenu :

- le rang de la première image pertinente ;
- le rang moyen des images pertinentes ;
- le taux d'erreur $\frac{C}{B+C}$ défini par HWANG et al. qui correspond en fait au complémentaire à 1 de la précision [Hwang *et al.* 1999].

Pour l'évaluation de la performance des méthodes proposées nous nous limiterons à l'utilisation du graphe *Rappel/précision* le plus classique.

2.4 Déscripteurs de formes

L'indexation d'images consiste à extraire l'information significative des images pour permettre de faciliter la comparaison ultérieure. La nature de ces documents multimédia exige la séparation des phases de description et de recherche pour permettre que cette dernière se déroule en temps utilisateur, temps relativement court durant lequel l'utilisateur attend la réponse du système. Elle varie principalement en fonction du choix des descripteurs employés et des techniques associées à leurs extractions. On peut différencier les descripteurs en deux grands niveaux :

- **les descripteurs bas-niveau** : décrivent le contenu bas niveau de l'image, principalement en terme de couleurs, de textures et de formes. Ce sont les descripteurs les plus utilisés dans les systèmes actuels, car les plus simples à mettre en place.

- **Les descripteurs haut-niveau** : décrivent le contenu « sémantique » de l'image et sont principalement des mots clés fournis par l'utilisateur. Il s'agit d'identifier les modèles contenues dans la scène et de reconnaître les objets qui y sont présents, cette identification est réalisée, dans les systèmes existants, par les différentes méthodes souvent combinatoires.

Les travaux que nous avons réalisés portent principalement sur l'étude de descripteurs bas-niveau, par la mise en place de descripteurs de forme.

La forme est l'un des attributs bas niveau également la plus utilisée pour décrire le contenu visuel des images. L'importance de la forme pour la recherche d'images peut être constatée par le simple fait que plusieurs systèmes SRIC incorporent d'une façon ou d'une autre des descripteurs de formes [Flickher *et al.* 1995][Gevers 2000] [Pentland *et al.* 1996]. Ces derniers sont utilisés pour décrire la structure géométrique du contenu visuel. Zhang et al.[Zhang & Lu 2004] ont proposé de classifier les descripteurs de forme en deux familles :

- **Descripteurs bases contour** : qui décrivent les objets selon leur contour externe.
- **Descripteurs bases région** : qui décrivent les objets selon la distribution spatiale des pixels qui les constituent.

Pour chacune de ces approches (région ou contour), on peut ensuite distinguer deux sous familles :

- celles qui décrivent globalement les objets,
- celles qui décrivent les objets en les considérant comme un arrangement de sous parties (structurelles).

La hiérarchie entière de cette classification et les principales méthodes couramment citées dans la littérature sont présentées dans la figure 2.6.

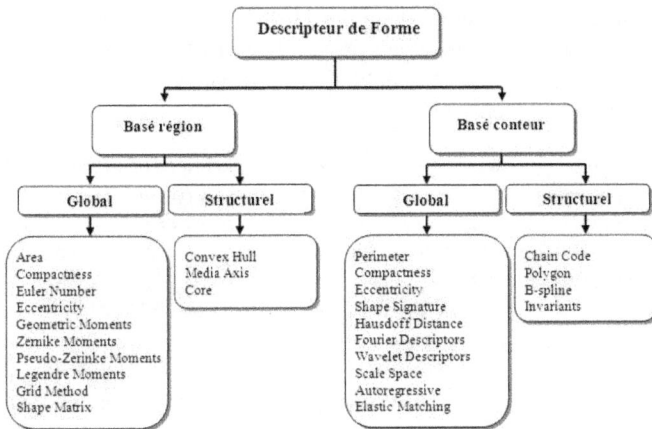

FIGURE 2.6 – Classification des méthodes de représentation de forme et les techniques de description

2.4.1   Déscripteurs bases contour

Le contour est une caractéristique qui décrit les structures importantes dans l'image et établit des indices afin d'obtenir des structures de la scène originale. De façon mathématique, nous pouvons définir un contour comme une frontière entre deux régions de niveaux de gris différents et relativement homogènes. Les techniques de représentation et de description de formes basées contours peuvent être divisées en deux sous parties : les méthodes globales et les méthodes structurelles.

2.4.1.1   Méthodes globales

Les techniques globales de représentation de forme base-contour fournissent une description généralement sous la forme d'un ensemble de paramètres calculés à partir de la position des pixels.

- **Caractéristiques géométriques simples :** formées par les attributs géométriques simples pour caractériser le contour de la forme d'un objet comme : l'excentricité, la rectangularité, la compacité et l'élongation [3].
- **Signatures de formes :** est un ensemble des paramètres extraits à partir de contour de la forme pour représenter la forme [Yadava *et al.* 2007]. Plusieurs signatures ont été proposées [Davies 1997] [Zhang 2002] [van Otterloo 1991] comme coordonnées complexes, coordonnées polaires, la distance centrale, l'angle tangente, la courbure, l'aire et d'autres. Pour utiliser d'une manière fiable cette signature, on doit la normalisée afin d'être invariante à la translation et changement d'échelle. Le problème d'invariance par rapport à la rotation peut être résolu par certaines méthodes [Squire & Caelli 2000].

Les inconvénients des signatures de formes sont généralement la sensibilité au bruit, à l'occlusion partielle et aux perturbations d'une petite partie de la forme, par suite des changements faibles sur le contour de formes peuvent causer de grandes erreurs lors de la comparaison. Donc, ce n'est pas pratique d'utiliser directement les signatures de forme pour la recherche par le contenu.

2.4.1.1.1   Moments de périmètre

Ces moments sont calculés en utilisant les points du contour de l'objet. Une définition est donnée par [Chen 1993] qui se base sur le calcul des moments d'une image binaire en utilisant les pixels composant le contour de l'objet. En caractérisant les points d'un contour fermé par une séquence de signature $z(k)$, $k = 1 \dots N$, ou N présente le nombre de point et $z(k)$ la distance entre le barycentre de forme et le k^{eme} point de contour. La p^{ieme} valeur de moment m_p et le moment centrale μ_p peut être estimé par :

---

3. rapport entre la mesure de longueur et la mesure de largeur

$$m_p = \frac{1}{N} \sum_{k=1}^{N} z^p(k) \ \ et \ \mu_p = \frac{1}{N} \sum_{k=1}^{N} (z(k) - m_1)^p$$

On définie ainsi les moments normalisés [Sonka $et\ al.$ 1993], invariantes par rapport à la translation et changement d'échelle, de la manière suivante :

$$\overline{m}_p = \frac{m_p}{(\mu_2)^{\frac{p}{2}}} \ , \ \overline{\mu}_p = \frac{\mu_p}{(\mu_2)^{\frac{p}{2}}}$$

Un descripteur de forme moins sensible au bruit est donnée par :

$$F_1 = \frac{(\mu_2)^{\frac{1}{2}}}{m_1}, \ F_2 = \frac{\mu_3}{(\mu_2)^{\frac{3}{2}}} \ et \ F_3 = \frac{\mu_4}{(\mu_2)^2}$$

2.4.1.1.2 Les descripteurs de Fourier pour contours fermés

Les descripteurs de Fourier sont obtenus à partir de la décomposition en série de Fourier d'une grandeur unidimensionnelle, appelée signature, extraite du contour. Plusieurs signatures du contour d'une forme peuvent être extraites. La plus courante est la distance au centre de gravité de la courbe [Persoon & Fu 1977], cependant les positions complexes [Granlund 1972] ou la courbure [Zahn & Roskies 1972] sont également de bonnes candidates.

Supposons la courbe f, représentant la forme si elle est orienté dans le sens des aiguilles d'une montre, sa représentation paramétrique est alors une fonction de l'abscisse curviligne u : $f(u) = (x(u), y(u))$ avec u variant de 0 à T (T lalongueur du contour).

Descriptions complexes[Persoon & Fu 1977] [Granlund 1972] : La position complexe est simplement le nombre complexe généré par les coordonnées des points de contour :

$$s(u) = (x_u - x_c) + i(y_u - y_c) \tag{2.18}$$

où (x_c, y_c) sont les coordonnées du centre de gravité de la courbe.

Distance au centre de gravité [Persoon & Fu 1977] : La distance des points de la courbe au centre de gravité (x_c, y_c) est établie en chaque point par l'équation :

$$R(u) = \sqrt{(x(u) - x_c)^2 + (y(u) - y_c)^2} \tag{2.19}$$

Signature angulaire : Notons $\theta(u)$ la direction angulaire de f au point d'abscisse curviligne u, la courbure de la forme est définie par :

$$\kappa(u) = \frac{d\theta(u)}{du} \tag{2.20}$$

Dans le domaine fréquentiel la transformée de Fourier de ces trois types de représentations donnent trois ensembles de coefficients complexes représentants la forme de l'objet. Les basses fréquences donnent l'information sur l'aspect global de la forme alors que les hautes fréquences précisent les détails de la forme. Le problème de non invariance à la rotation a été résolu on utilisant seules les amplitudes des coefficients. L'invariance par rapport au changement d'échelles est obtenue par division des éléments par la composante continue où le premier coefficient est non nul. La nature de représentation garantie l'invariance par rapport aux translations. Les descripteurs de Fourier basés sur la courbure f_κ et ceux basés sur la distance au centre f_R s'écrivent alors :

$$f_\kappa = \left(\mid F_1 \mid, \mid F_2 \mid, \ldots, \mid F_{\frac{M}{2}} \mid \right) \ , \ f_R = \left(\frac{|F_1|}{|F_0|}, \frac{|F_2|}{|F_0|}, \ldots, \frac{|F_{\frac{M}{2}}|}{|F_0|} \right) \tag{2.21}$$

Pour les coordonnées complexes, les descripteurs de Fourier sont :

$$f_c = \left(\frac{\mid F_{-(\frac{M}{2}-1)} \mid}{\mid F_1 \mid}, \ldots, \frac{\mid F_{-1} \mid}{\mid F_1 \mid}, \frac{\mid F_2 \mid}{\mid F_1 \mid}, \ldots, \frac{\mid F_{\frac{M}{2}} \mid}{\mid F_1 \mid} \right) \tag{2.22}$$

où F_1 est la première composante fréquentielle non nulle utilisée pour normaliser les autres coefficients.

Les valeurs correspondantes aux fréquences négatives et positives sont considérées dans ce cas. La composante continue est dépendante de la position de la forme ; elle n'est donc pas utilisée. Pour obtenir des descriptions de mêmes tailles, les différentes formes sont rééchantillonnées à M points avant d'appliquer la transformée de fourier. Zhang [Zhang & Lu 2001] montre que les trois types de descriptions ne sont pas équivalents et que la distance au centre donne de meilleurs résultats. Cette description n'est valable que pour des contours fermés. Rauber [Rauber 1994] propose ainsi une évolution permettant de décrire des contours quelconques, cette extension rend possible la caractérisation de contours ouverts. Une version modifiée des descripteurs de Fourier est aussi proposée dans [Rui *et al.* 1996]. Elle est plus compacte et rapide à calculer.

2.4.1.2 Méthodes structurelles

Les méthodes structurelles se basent sur une décomposition des formes en éléments de base et comparent les ensembles de primitives, pour mesurer la similarité entre formes. La méthode la plus utilisé est la méthode de Chaînes. A partir de primitives de l'image on forme les chaînes. Chacune d'entre elles est codée par un symbole au sein de la chaîne. Le voisinage dans la chaîne est souvent lié au voisinage des primitives dans l'image elle-même.

On trouve parmi les méthodes existent qui utilisent les chaines deux exemples classiques, les chaînes de codes (ou codes de Freeman [Freeman 1961]) et les crack-codes [Brice & Fennema 1970] qui sont très utilisés pour la description des frontières de régions ou tout autre ensemble d'un pixel de large. Les deux méthodes on trouve le même principe, c'est que le contour d'une région est décrit à partir d'un point de départ en donnant successivement les directions prises par le contour. La différence principale entre les deux approches est la notion même de bord : les codes de Freeman considèrent le contour comme l'ensemble des segments reliant les centres des pixels du bord (approche pixel) alors que les crack-codes utilisent une approche inter-pixels en considérant le parcours extérieur des pixels du bord Figure. 2.7

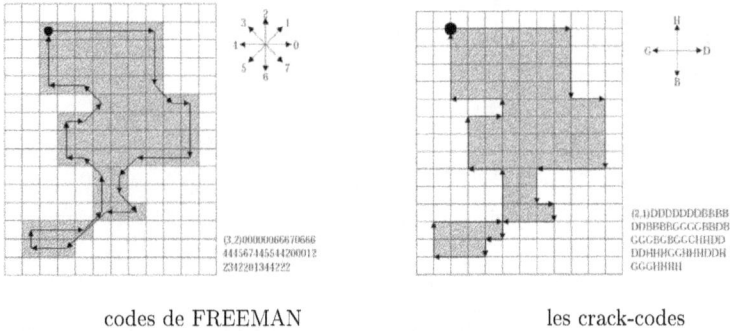

codes de FREEMAN   les crack-codes

FIGURE 2.7 – Exemple de parcours, le point de départ est symbolisé par un rond noir [Dombre 2003]

Dans les deux exemples précédents, les chaînes sont donc composées du point de départ et d'une suite de caractères codant le parcours du bord de l'objet ; chaque caractère correspondant à une direction. La dépendance de ces méthodes vis-à-vis du point de départ peut être éliminée en considérant la chaîne comme cyclique. Dans ce cas précis, le point de départ est omis. Ces systèmes sont aussi invariants par translation mais souffrent d'une variance forte par symétrie d'axe ce qui pénalise fortement ces structures dans un cadre de comparaison. En particulier, en reconnaissance de formes, si un objet est retourné au moment de l'acquisition, il sera difficile de le reconnaître avec de telles structures. Il est à noter qu'il existe aussi d'autres systèmes de codage de chaînes invariants par symétrie d'axes tels que les codes de Bribiesca [Bribiesca 1999].

2.4.2 Déscripteurs bases région

2.4.2.1 Méthodes globales

Lorsque l'image ne comporte que peu d'objets et qui sont sans occultations, des caractéristiques ou attributs globaux des régions peuvent être extraits et utilisés par le processus de reconnaissance.

2.4.2.1.1   Moments de Hu

Pour l'image I (cas discrète) les moments d'ordre $(p+q)$ sont définis par :

$$m_{pq} = \sum_{(x,y) \in I} x^p y^q I(x,y) \ \ \forall (p,q) \in \mathbb{N}^2 \tag{2.23}$$

où $I(x,y)$ est le niveau de gris dans le pixel de coordonnées (x,y). Les moments centrés s'écrivent alors :

$$\mu_{pq} = \sum_{(x,y) \in I} (x_p - \overline{x})^p (y_q - \overline{y})^q I(x,y) \tag{2.24}$$

$$\text{avec } \overline{x} = \frac{m_{10}}{m_{00}} \ , \ \overline{y} = \frac{m_{01}}{m_{00}}$$

$\overline{x}$ et $\overline{y}$ sont donc les coordonnées du centre de gravité de la forme. Ces moments sont invariants par translation et peuvent aussi le devenir par changement d'échelles après normalisation de l'aire de l'objet.

Les moments de **Hu** sont dérivés des moments centrés normalisés. Ils sont invariants par transformations affines et par réflexion [Hu 1962]. Ils sont très utilisés de par leurs propriétés d'invariance pour de la recherche d'images par le contenu [Ozer *et al.* 1999] ou d'identification d'objets et même de gestes [Bobick & Davis 1996].

L'invariance au changement d'échelles est obtenue en normalisation les moments produits comme suit :

$$\eta_{pq} = \frac{\mu_{pq}}{\mu_{00}^{1+\frac{p+q}{2}}} \ \ \text{ pour } p+q \geq 2 \ \text{ et } \ \ \forall (p,q) \in \mathbb{N}^2$$

L'invariance par rotation est alors obtenue par combinaison des η_{pq}. Hu présente ainsi les 7 moments d'ordres 2 et 3 suivants :

$$
\begin{aligned}
\phi_1 &= \eta_{20} + \eta_{02} \\
\phi_2 &= (\eta_{20} - \eta_{02})^2 + 4\eta_{11}^2 \\
\phi_3 &= (\eta_{30} - 3\eta_{12})^2 + 3(\eta_{21} - \eta_{03})^2 \\
\phi_4 &= (\eta_{30} + \eta_{12})^2 + (\eta_{21} - \eta_{03})^2 \\
\phi_5 &= (\eta_{30} - 3\eta_{12})(\eta_{30} + \eta_{12})[(\eta_{30} + \eta_{12})^2 - 3(\eta_{21} + \eta_{03})^2] \\
&\quad + (3\eta_{21} - \eta_{03})(\eta_{21} + \eta_{03})[3(\eta_{30} + \eta_{12})^2 - (\eta_{21} + \eta_{03})^2] \\
\phi_6 &= (\eta_{20} - \eta_{02})[(\eta_{30} + \eta_{12})^2 - (\eta_{21} + \eta_{03})^2] + 4\eta_{11}(\eta_{30} + \eta_{12})(\eta_{21} + \eta_{03}) \\
\phi_7 &= (3\eta_{21} - \eta_{03})(\eta_{30} + \eta_{12})[(\eta_{30} + \eta_{12})^2 - 3(\eta_{21} + \eta_{03})^2] \\
&\quad + (\eta_{30} - 3\eta_{12})(\eta_{21} + \eta_{03})[3(\eta_{30} + \eta_{12})^2 - (\eta_{21} + \eta_{03})^2]
\end{aligned}
\tag{2.25}
$$

LI énumère 52 moments de type Hu d'ordres 2 à 9 invariants par translation, rotation et changement d'échelles [Li 1992]. Cependant leur calcul est relativement long et ils sont très sensibles au bruit, ce qui peut s'avérer être un gros inconvénient dans un système de recherche d'images. Yang propose une méthode de calcul rapide de ses moments [Yang & Algretsen 1994]. D'autres moments invariants ont été définis par Flusser [Flusser & Suk 1993] et Taubin [Taubin & Cooper 1992]. Park montre l'invariance de ces différents moments par rapport à la rotation et au changement d'échelles dans [Park & Chang 1999].

2.4.2.1.2   Moments de ZERNIKE

Zernike définit en 1934 une famille de polynômes complexes, ZP, formant une base orthogonale dans le cercle unité ($x^2 + y^2 \leq 1$) :

$$ZP = \{V_{nm}(x,y) = x^2 + y^2 \leq 1\}$$

où les polynômes complexes V_{nm} d'ordre n et de répétition m sont définis sous les conditions $n \in \mathbb{N}$, $m \in \mathbb{N}$,$n- \mid m \mid$ pair et $\mid m \mid \leq n$:

$$V_{nm}(x,y) = R_{nm}(r)e^{jm\theta}$$

en posant $r = \sqrt{x^2 + y^2}$, $\theta = arctan(\frac{y}{x})$ et la partie radiale R_{nm} :

$$R_{nm} = \sum_{s=0}^{\frac{n-|m|}{2}} (-1)^s \frac{(n-s)!}{s!(\frac{n+|m|}{2} - s)!(\frac{n-|m|}{2} - s)} r^{n-2s}$$

R_{nm} est donc un polynôme composé de termes en r^q où $q \in [n, n-2, \cdots \mid m \mid]$. KHOTANZAD et HONG [Khotanzad & Hong 1990] définissent alors les moments de Zernike $\mid A_{nm} \mid$ comme l'amplitude de la projection de la forme $f(x,y)$ sur la base orthogonale des fonctions $V_{nm}(x,y)$. A_{nm} est alors le nombre complexe correspondant à la projection :

$$A_{nm} = \frac{n+1}{\pi} \sum_{(x,y)\in I} V_{nm}^*(x,y)f(x,y)$$

où $*$ dénote le symbole du conjugué complexe et $x^2 + y^2 \leq 1$.

L'inégalité précédente signifie que la forme doit préalablement être normalisée au sein du disque unité pour être entièrement caractérisée. Les moments ainsi définis sont invariants par rotation, translation et changement d'échelles (après normalisation de la taille de la forme). Par l'utilisation d'une base orthogonale, l'information portée est nettement moins redondante que pour les autres types de moments. Cette représentation étant inversible, l'image peut être reconstruite à partir des moments calculés :

$$\hat{f}(x,y) = \lim_{N\to\infty} \sum_{n=0}^{N} \sum_{m} A_{nm}V_{nm}(x,y)$$

où m prend toutes le valeurs possibles telles que $\mid m \mid < n$ et $n - \mid m \mid$ pair. La limitation de cette somme apporte une reconstruction partielle de l'image originale et permet d'appréhender l'information portée par les différents moments.

Chong a présenté une comparaison des divers algorithmes d'optimisation de calcul des moments de Zernike [Chong *et al.* 2003].

2.4.2.1.3   Moments de Legendre

Les moments de Legendre utilisent des polynômes Legendre comme des fonctions de base. les moment de Legendre λ_{nm} d'ordre $n + m$ est défini comme suit :

$$\lambda_{nm} = \frac{(2m + 1)(2n + 1)}{4} \int_{-1}^{1} \int_{-1}^{1} P_m(x) P_n(y) f(x, y) dx dy \qquad (2.26)$$

Les polynômes de Legendre $P_n(x)$ sont définis par

$$P_n(x) = \frac{1}{2^n n!} \frac{d^n (x - 1)^n}{dx^n} \qquad n = 1, 2, \ldots; \qquad P_0(x) = 1 \qquad (2.27)$$

forment une base complète et orthogonale sur le segment $[-1, 1]$:

$$\int_{-1}^{1} P_m(x) P_n(x) dx = \frac{2}{2n + 1} \delta_{mn} \qquad (2.28)$$

où δ_{mn} représente le symbole de Kronecker.

2.4.2.2   Méthodes structurelles

Axe médian

Parmi les méthodes utilisant la squelettisation, la transformée d'axe médian est la plus populaire et la plus étudiée des techniques de description de forme dans l'axe base région. Elle a été proposée initialement par BLUM[Blum 1967]. L'idée de cette approche est de représenter la forme en utilisant un graphe et en espérant que les caractéristiques importantes seront préservées dans ce graphe. Les termes squelettes, graphes de chocs (shock graphs en anglais), transformée d'axe symétrique ou *prairie fire transform* font référence à la même approche.

L'idée que le processus de formation d'une image sur la rétine est similaire à la propagation d'un feu dans une prairie est vient auprès de BLUM. Le feu ne peut revenir en arrière. S'il est allumé à la frontière de l'objet il se propage de manière régulière vers son centre. L'axe médian se base sur la même idée, il est ainsi défini comme l'ensemble des points où deux fronts de feu se rejoignent Figure.2.8(a). Cela revient à extraire un squelette de la forme. Malheureusement ce mode de construction est très sensible au bruit, c'est pourquoi BLUM et NAGEL [Blum & Nagel 1978] proposent la méthode d'axe médian généralisé. Les points de l'axe médian sont alors les centres des cercles intérieurs et tangents deux fois à la forme de rayon supérieur à un seuil Figure. 2.8(b).

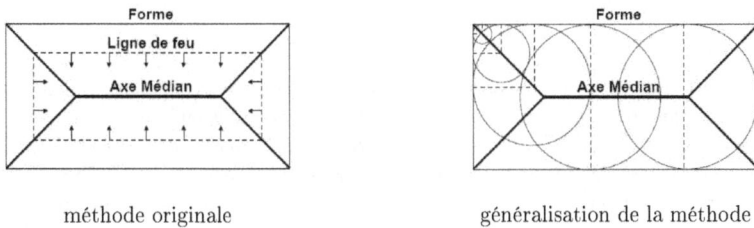

méthode originale   généralisation de la méthode

FIGURE 2.8 – Axe médian d'un rectangle.

Une fois l'axe médian détecté, de nombreuses méthodes basées sur la recherche de similarité entre graphes sont possibles. La méthode d'assignement gradué [Gold & Rangarajan 1996] est ainsi utilisée par SHARVIT pour déterminer la ressemblance entre les shock graphs [Sharvit *et al.* 1998]. Les derniers travaux de SEBASTIAN [Sebastian *et al.* 2001] déterminent les déformations simples à réaliser pour passer d'une configuration à une autre. Chaque opération ayant un coût, la mesure de similarité entre graphes est obtenue une fois trouvé l'ensemble des manipulations fournissant le coût total minimum Figure.2.9.

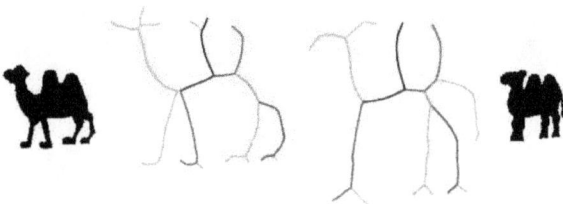

FIGURE 2.9 – Association de graphes d'axe médian [Sebastian *et al.* 2001]

2.5   Conclusion

Dans ce chapitre, nous avons présenté certaines approches et descripteurs utilisés pour la reconnaissance de formes que ce soit pour la description ou pour la mesure de similarité, la notion de distance, ainsi que les importantes méthodes de recherche par similarité.

Dans la première partie, nous avons abordé la présentation de la forme et les définitions qui ont été apporté sur lui suivant des butes différents selon nombreux auteurs ainsi que des primitives géométriques caractérisant la forme. Dans la deuxième partie, nous avons passé en revue les différentes mesures qui permettent d'évaluer la similarité entre les différents descripteurs.

Le choix d'une mesure de similarité par rapport à une autre dépend de l'attribut en question, par exemple dans le cas de la forme on fera souvent appel à la distance Euclidienne. Dans la dernière partie, les descripteurs de formes ont été présentés. Ces derniers peuvent être classifié en deux groupes : descripteurs basés contour et descripteurs basés région. Nous avons vu que chaque technique de description à ses avantages et ses inconvénients, et que sa valeur et son importance est déterminée par un ensemble de critères comme : l'invariance par rapport aux transformations géométriques, un bonne taux de reconnaissance, compacité, stabilité, applicable dans des applications générales, aisément programmable, rapide en temps de calculs, robuste en présence de bruit ou de perturbations.

Etat de l'art en indexation 3D

Ce chapitre présente l'etat de l'art en indexation d'objets 3D. Nous présentons tout d'abord les objets 3D et les différentes bases de données existent. Ensuit, on donne une brève idée sur la similarité entre objets. La section qui suit présente l'étape de normalisation des données (prétraitement par l'analyse en composantes principales continue) qui est requise par beaucoup de méthodes et en fin, nous présentons les diverses méthodes d'indexation 3D.

3.1 Introduction

La mesure de similarité entre les objets 3D est une tâche fondamentale dans la recherche et la classification des modèles 3D. Le besoin de la recherche des modèles 3D ne va cesser de croître et cela pour différentes raisons. Premièrement, la qualité et la robustesse des cartes graphiques qui facilitent le traitement et la visualisation des modèles 3D. La deuxième raison est la diversité des outils de modélisation et des scanners 3D existent qui simplifient la création des modèles 3D avec un coût raisonnable. La troisième raison est l'accès libre partout des modèles 3D construits par des personnes dans le monde grâce à internet.

L'avancement rapide des technologies de l'informatique ont révolutionné les moyens de communications permettant d'échanger de nombreux documents. Le document aujour-d'hui peut être constitué d'objets de multiples natures : textes, images, vidéos, modèles 3D... La rapide extension de ce domaine a demandé la mise en place de nouveaux outils permettant de manipuler efficacement ces données et en particulier, des outils d'indexation pour rechercher et classer les grandes bases de données disponibles. La facilité de création de ces documents, que ce soit par des appareils photos numériques personnels, des caméscopes, par des scanners 2D ou 3D ou par des logiciels de création, a entraîné une forte augmentation des bases d'objets multi-médias et, par la même, des besoins de recherches et de classifications. Si depuis une vingtaine d'années, des recherches ont été réalisées sur l'indexation d'images 2D, il a fallu attendre la fin des années 90 pour voir apparaître les premiers travaux en indexation d'objets 3D.

Les processus de conception assistée par ordinateurs (CAO) pour les objets 3D ont supplanté le dessin technique et se trouvés rapidement dans les bureaux de designs et des cabinets d'ingénieries. Les premiers modèles 3D sont créés par ces applications profession-nelles créèrent et commencèrent à échanger ces derniers entre les concepteurs et les sites de fabrication. L'évolution rapide des communications de la fin des années 90, provoqua l'apparition de nouvelles applications grand public utilisant des objets 3D. Ces champs d'applications, comme les forums de discussions 3D, où les utilisateurs se déplacent dans un environnement 3D et sont identifiés par un avatar en trois dimensions, ou la diffusion au grand public d'objets 3D sous forme de notice de réparation, ont fortement augmenté le nombre d'utilisateurs de modèles 3D et les bases d'objets.

Pour répondre au problème de manipulation et de l'utilisation efficace d'un objet 3D, il faut développer de nouvelles fonctionnalités permettant de résoudre ces problèmes : format d'échange, programme de rendu, programme de conception, compression, sécuri-sation... Une fonctionnalité importante demandée par les utilisateurs de bases d'objets 3D, est la possibilité de structurer les bases et de permettre de rechercher des objets au sein d'une grande collection. La nature des modèles 3D demande la mise en place de procédés d'indexation propre à ces données. Plusieurs méthodes ont été proposées par la communauté et conduisent à la mise en place de système permettant de caractérise les objets 3D en utilisant leur forme et de faire des objets exemples où requêtes par similarité.

La problématique de l'indexation 3D consiste à décrire de manière compacte la forme d'un objet 3D Figure3.1, le but étant principalement la reconnaissance de forme dans de très grosses bases de données. Pour cela, on utilise des *descripteurs de forme* afin d'obtenir des *vecteurs caractéristiques* ou *signatures* des objets 3D qui servent de clés dans les bases de données.

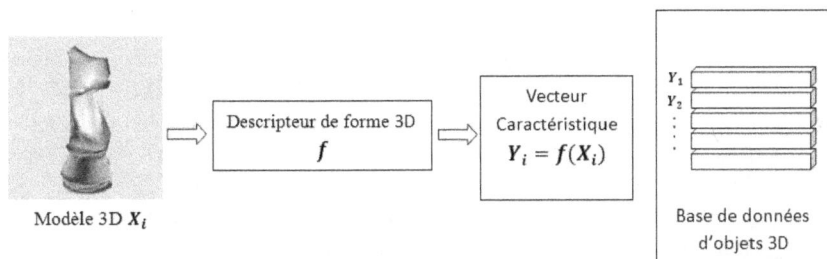

FIGURE 3.1 – L'indexation 3D consiste à coder de manière compacte l'information visuelle relative à un modèle 3D afin d'optimiser les recherches dans les bases de données d'objets 3D.

L'étude que nous avons réalisée, il se base que sur les modèles 3D définis par leur surface, c'est la forme la plus répandue pour représenter les objets 3D. La surface d'un objet 3D est généralement définie par un maillage 3D composé de triangles. Si un objet est initialement défini au moyen d'une autre représentation, comme par exemple des surfaces NURBS provenant de logiciels de CAO, ou des nuages de points 3D obtenus avec un scanner laser, la représentation doit alors être convertie en un maillage triangulaire, qui est la représentation la plus simple, la plus commode et la plus répandue pour représenter les surfaces.

Les maillages 3D sont stockés dans la base de données sous un format spécifique comme par exemple le format VRML (Virtual Reality Modeling Language), et la plupart des bases de données ne contiennent que des modèles à faible résolution des objets. Les bases de données d'objets 3D contenant des maillages 3D avec une carte de texture associée sont encore peu courantes, en particulier sur Internet [Esteban & Schmitt 2004].

Les signatures des modèles 3D peuvent être efficacement exploitées pour diverses applications prometteuses, telles que la recherche par le contenu, la comparaison de modèles ou la classification, d'autant plus si elles vérifient l'ensemble des critères suivants :

Compacité : les signatures de petite taille permettent d'effectuer des requêtes plus rapides, et rendent la base de données plus transportables.

Rapidité et robustesse des calculs : l'extraction des vecteurs caractéristiques et le calcul de leur similarité ne doit pas être trop long, en particulier si la base de données est destinée à un grand public.

Invariance aux transformations affines : les objets doivent pouvoir être retrouvés quelle que soit leur position, orientation ou taille (invariance aux rotation, translation et facteur d'échelle).

Invariance de la connectivité du maillage : les signatures de modèles de formes similaires doivent rester très proches et indépendantes de la connectivité du maillage.

Robustesse face aux petites perturbations du maillage : le descripteur ne doit pas être trop sensible aux bruits (déformations, décimations) intervenant sur la position des sommets ou des arêtes du maillage.

Pertinence de l'information codée : la caractérisation doit être suffisament efficace pour que les objets puissent être bien retrouvés.

Les principales techniques d'indexation 3D ont présenté dans la suite de ce chapitre. L'efficacité de descripteurs est relativement dépend des besoins de l'utilisateur. En effet, une communauté non scientifique peut être plus intéressée par une recherche rapide basée sur la forme globale des objets plutôt que par des détails. Dans ce cas, l'utilisation de descripteurs globaux, semble adaptée à ce type de requête. Ils permettent d'obtenir des résultats rapidement mais avec une précision restant assez grossière. D'un autre côté, des scientifiques peuvent accorder plus d'attention sur des propriétés particulières de la surface des objets et dans ce cas une approche basée sur des descripteurs locaux semble plus adaptée. Pour les besoins d'applications plus scientifiques la rapidité n'est pas forcément le critère discriminant, la précision des résultats étant souvent la plus désirée. Donc, il y a un compromis à trouver entre rapidité et précision qui dépend beaucoup du contexte et de l'application visée.

Ce chapitre présente un état de l'art des diférents descripteurs proposés dans la littérature. Après la distinction dans la section qui suit les différentes représentations d'un objet 3D ainsi que les bases d'objets existant , nous présentons à la section 3.3 la notion de similarité entre objets. La section 3.4 présente l'étape de normalisation des données (prétraitement par l'analyse en composantes principales continue) qui est requise par beaucoup de méthodes. Finalement nous présentons dans les sections qui restent les diverses méthodes d'indexation 3D.

3.2   L'objets 3D

Nous pouvons distinguer différents types de représentations d'objets 3D, parmi lesquelles :

- Les *représentations surfaciques* : les objets 3D sont généralement représentées par leurs surfaces externes, en utilisant un maillage polygonaux défini par un ensemble de sommets et de facettes (souvent maillage triangulaire). L'expansion de ces données 3D requiert des méthodes efficaces et rapides d'indexation et de recherche par le contenu.

- Les *représentations volumiques* : la représentation dans ce cas utilise le volume du modèle tout entier, l'objet 3D échantillonné en éléments de volume appelés voxels Figure.3.2. Cet ensemble constitue ce qu'on appelle une énumération spatiale. L'énumération spatiale peut être considérée comme une image 3D composée de voxels, par analogie avec une image 2D composée de pixels. . La finesse de cette représentation dépend de la taille des voxels.

- Les *représentation algébriques* : dans la catégorie des surfaces algébriques, on trouve notamment les surfaces implicites qui sont décrites par une équation implicite de type $f(x, y, z) = 0$.

FIGURE 3.2 – Exemple d'objet voxelisé

Dans nos travaux, nous nous intéresserons uniquement aux objets 3D représentés par des maillages triangulaires. Nous en rappelons les principales caractéristiques dans la section suivante.

3.2.1   Maillage polyédrique

La frontière d'un objet polyédrique est représentée par une surface (ou maillage), composée d'un ensemble de facettes polygonales planes. Ces polygones sont limités par une suite d'arêtes, chacune définie par les deux extrémités.

3.2.1.1   Définition d'un maillage surfacique

Souvent, pour décrire un objet volumique on peut se limiter à la description de la surface de celui-ci, alors que les applications employées ne nécessitent pas d'informations concernant la matière interne. Aussi, cette surface est décrite par un ensemble de variétés bidimensionnelles plongées dans l'espace euclidien à 3 dimensions appelé un maillage surfacique. Il est défini par ses sommets, arêtes et facettes polygonales.

La plupart des représentations standards des modèles polyédriques consistent en une énumération des sommets, numéros implicitement par leur ordre d'apparition, puis une énumération des facettes décrites par une liste ordonnée des indices de sommets. Les arêtes sont représentées implicitement dans la description des facettes. Les positions des sommets dans l'espace 3D sont exprimées par leurs coordonnées dans le repère cartésien.

Pour un maillage polygonal, les sommets donnent une information géométrique de la surface maillée alors que les arêtes et les facettes apportent une information topologique sur la connexité du maillage. Les scanners tridimensionnels utilisent des procédés qui fournissent un modèle tridimensionnel de l'objet scanné sous la forme d'un maillage de polygones. Enfin, ce format est universel puisque toutes les représentations tridimensionnelles peuvent être converties vers le maillage de polygones.

3.2.1.2   Maillage triangulaire

Un maillage 3D est dit triangulaire quand toutes les facettes sont des triangles Figure3.4. La conversion d'un maillage polygonal en un maillage triangulaire est se fait par une triangulation de chacune de ses facettes. La triangulation la plus simple consiste à partager un polygone à $n + 1$ sommets en $n - 1$ triangles, ayant un sommet commun et chacune une arête ne contenant pas ce sommet Eq.3.1. Dans le cadre de cette thèse, nous avons considéré des maillages triangulaires.

Le maillage de polygones est un excellent format pour l'affichage puisqu'il peut être traité directement par les matériels spécialisés, mais il présente un inconvénient majeur : la perte d'informations. En effet, un maillage ne donne qu'une approximation d'une surface. Pour calculer une approximation d'une surface très complexe, il faut augmenter le nombre de facettes en certains endroits de la surface pour obtenir le plus de précision possible, et ceci au détriment de la compacité de la représentation en mémoire du modèle.

Par exemple, pour avoir une sphère d'aspect visuel satisfaisant, il faut parfois plusieurs milliers de facettes.

La haute qualité d'un modèle 3D demande un nombre très grand de triangles construisant la surface (>100000). Dans de telles applications, c'est utile d'avoir de différents niveaux de détail de représentation d'un même objet 3D Figure 3.5. Par exemple, pour une animation 3D, si un objet dans une scène est très lointain, alors il n'est pas nécessaire d'utiliser une représentation avec un nombre très grand de triangles pour rendre la scène.

3.2.2 Formats d'un maillage 3D

Grâce aux nombreux outils de création et de modélisation tridimensionnelle, les maillages 3D sont aujourd'hui représentés sous une multitude de formats standards. La façon la plus simple d'encoder un maillage consiste à encoder tout d'abord la liste des points en spécifiant leurs 3 coordonnées cartésiennes dans l'espace euclidien. On ajoute ensuite la liste des polygones composant la structure géométrique. Un polygone commence généralement par un code identifiant sa nature ("3" pour un triangle) puis par n indices qui se réfèrent à des sommets de la première liste (" 4, 5, 8" pour un triangle composé du 4eme, 5eme et 8eme sommets de la liste). Ce type d'encodage est simple et intuitif, facile à lire, mais est très redondant, puisque chaque point est référencé autant de fois qu'il possède de polygones incidents.

Ainsi, un fichier représente un modèle 3D comporte au moins deux parties :

- La *géométrie* : liste de points L_s, contient les coordonnées des sommets dans l'espace.

- La *connectivité* : liste de primitives L_p de dimension n, chacune est composé de $n+1$ indices entiers. Chaque primitive concerne un point de la liste L_s. Par exemple, la séquence 20 8 30 décrit un triangle composé du 20eme, 8eme et 30eme points de la liste L_s.

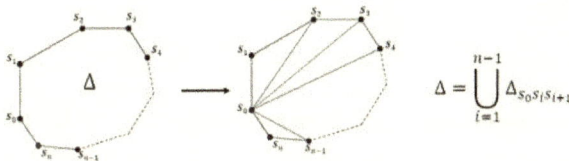

$$\Delta = \bigcup_{i=1}^{n-1} \Delta_{s_0 s_i s_{i+1}}$$

FIGURE 3.3 – Triangulation d'une surface Δ

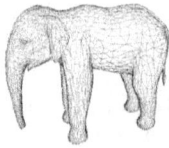

maillage polygonal   rendu avec éclairage

FIGURE 3.4 – Modèle 3D d'un eléphant

227 triangles   779 triangles   1758 triangles   11375 triangles

FIGURE 3.5 – Représentation en quatre niveaux de détails de maillage triangulaire d'un modèle 3D

Des informations complémentaires comme la liste des normales aux surfaces Figure.3.6, ou encore des coordonnées de texture peuvent s'ajouter. Plusieurs formats existent,on peut citer :

Format texte

Les formats les plus connus sous de fichiers texte sont : VRML (Virtual Reality Modeling Language), OFF (Object File Format) ou OBJ (développé par *Wavefront Technologies*). Ce sont des fichiers lisibles avec un simple éditeur de *texte*. Un exemple de fichier OFF représentant une pyramide Figure3.7.

Format binaire

L'avantage de l'utilisation d'un fichier texte est réside dans leur facilité de lecture et la bonne compréhension, mais l'inconvénient majeur est qu'il sont des fichiers volumineux. C'est la raison principale qui a conduit à développer des formats binaires. Certain formats de fichier laissent le choix entre texte et binaire à l'utilisateur. C'est le cas du format StL (Stereo-Lithography, développé par *3D Systems*) ou du format PLY (Polygon File Format, développé par *Stanford*). D'autres formats sont purement binaires, comme le *3DS* (3D Studio).

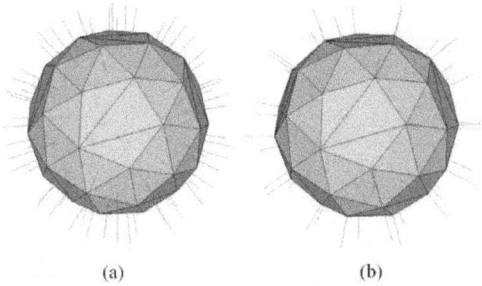

FIGURE 3.6 – Les vecteurs normaux aux surfaces : (a) normaux aux facettes (b) normaux aux sommets

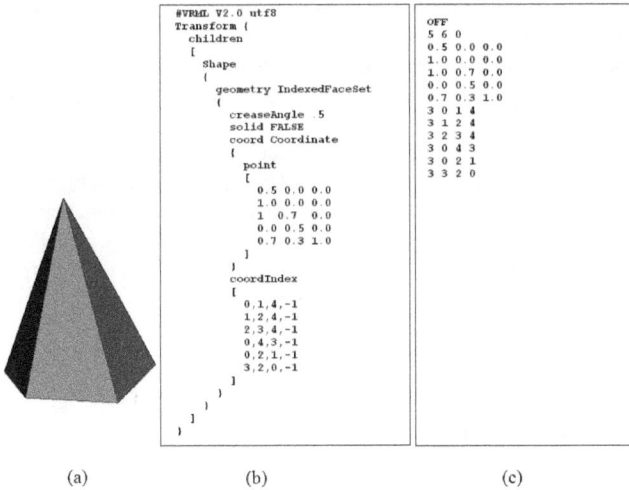

FIGURE 3.7 – Format texte d'un maillage 3D : (a) modèle 3D (b) format VRML (c) format OFF

Les bases sur les quelles nous avons appliquées les méthodes proposées sont en format
OFF, le chargement et la manipulation d'objets ont été réalisé grâce à un code que nous
avons développé.

Remarque. 1 *Dans le cas où le modèle est représenté par une surface d'un maillage
triangulaire, où les points de la liste représentent les sommets des triangles, l'ordre a une
importance : les triangles sont dits " orientés ". Ils possèdent donc une face avant et une
face arrière.*

Le problème de convertir un objet d'un format à un autre est résolut presque pour
tous les modulateurs. Plusieurs formats d'échange ont été réalisés au cours des dernières
années, qui facilitent l'échange entre différents formats.

3.2.3   Bases d'objets 3D

Les bases d'objets 3D peuvent être classées en deux grandes catégories pour l'indexation et la recherche :
- **Les bases généralistes** sont des bases d'objets de sujets très variés comprenant
  des familles d'objets très différents (véhicules, avions, animaux, bâtiments, etc.)
- **Les bases spécialistes sont** des bases contenant des objets d'un seul type ou d'un
  domaine particulier (modèles de visages, modèles articulés, modèles de CAO).

Tous les systèmes de recherche par le contenu ont été testés sur des bases d'objets
de petite taille. Le tableau 3.1 récapitule les principales bases d'objets 3D privées et
publiques utilisées par la communauté scientifique. Les bases généralistes contenant des
familles d'objets différents sont les plus courantes. La plupart des modèles de ces bases
ont été collectés sur internet (généralement des sites [1]). C'est la raison pour laquelle de
mêmes objets sont présents dans plusieurs bases.

3.3   Similarité entre objets 3D

Une recherche par le contenu d'objets 3D nécessite de disposer d'une méthode automatique pour mesurer la similarité entre deux objets. Le principe général d'une méthode
repose sur l'hypothèse que la mesure de similarité entre deux objets 3D peut se ramener

---
[1].
http://www.viewpoint.com
http://www.3dcafe.com

Base d'objets 3D	Nombre d'objets	Type d'objets
NTU Database [Chen *et al.* 2003]	10911	objets généralistes
Konstanz Database [Kons]	1841	objets généralistes
Princeton Shape Benchmark [Shilane *et al.* 2004]	1814	objets généralistes
SHREC'09 Generic Database [SHREC'09 a]	800	objets généralistes
ITI Database [ITI]	2000	objets généralistes
MPEG7 Database [MPEG7]	227	objets généralistes
Utrecht Database [UDB]	684	objets généralistes
Carnegie Database [CMU]	227	objets généralistes
SHREC'08 Watertight Database [IMATI'08]	1500	objets articulés
SHREC'07 Watertight Database [IMATIDB]	400	objets articulés
SHREC'09 Watertight Database [SHREC'09 b]	200	objets articulés
McGill 3D Shape Benchmark [McGillDB]	445	objets articulés
York University Database [YorkDB]	5000	visages
SHREC'07 3D face Database [SHREC'07]	1000	visages
Gavab Database [GavabDB]	549	visages
PES Benchmark Database [PurdureDB]	865	objets de CAO
Renault Semantic Database [RSDB]	5000	objets de CAO
Sculpteur Database [SculpteurDB]	720	objets de musée

TABLE 3.1 – Liste de bases de données 3D avec le nombre et le type d'objets

au calcul de la distance entre deux *descripteurs* de ces objets. Un processus comparant deux objets comporte généralement trois étapes principales qui sont la normalisation, l'extraction de la signature, et la mesure de similarité Figure 3.8.

- **La normalisation** consiste à orienter les objets dans un repère canonique. Cette étape permet d'apporter aux descripteurs l'invariance en rotation, en translation, et au facteur d'échelle de manière à ce que les objets puissent être considérés indépendamment de leur taille et de leur position dans l'espace. La technique d'alignement spatiale la plus répandue est l'ACP (Analyse par Composantes Principales). Elle est décrite dans la section 3.4.

- **L'extraction des *vecteurs caractéristiques*** décrivant l'objet 3D (sous forme d'un vecteur, d'un graphe, d'une séquence...) obtenue au moyen d'un ou plusieurs descripteurs de forme. Dans un processus général de recherche d'objets 3D, la signature de l'objet requête est la clé de recherche avec laquelle les éléments de la base vont pouvoir être comparés.

- **Le calcul de similarité** de deux modèles est obtenu en mesurant la distance entre leurs vecteurs caractéristiques. Différentes distances ont été définies 2.2.3.

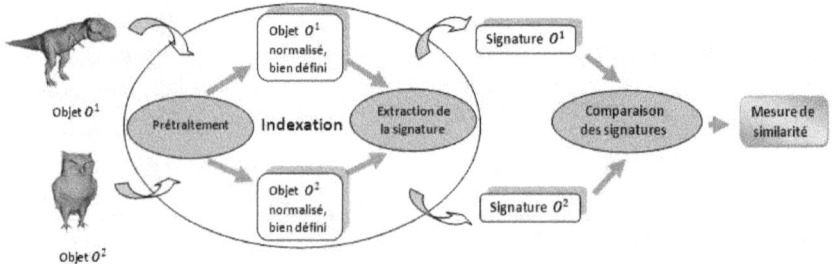

FIGURE 3.8 – Processus comparant deux objets 3D

3.4 Normalisations de données "ACPC"

Les objets 3D sont donnés d'une façon arbitraire dans l'espace (position par rapport au repère, l'échelle et l'orientation). La plus part des méthodes d'indexation ne sont pas invariantes par rapport au changement d'échelle, à la translation et à la rotation. Pour s'affranchir de ces problèmes et rendre les descripteurs invariants à ces transformations, une étape de prétraitement est indispensable qui permet de normaliser les modèles 3D.

Pour palier au problème du non invariance, l'Analyse en Composantes Principales (appelée aussi la transformée de d'Hotelling ou la transformée de Karhunen-Loeve) est utilisée pour associer à chaque objet un repère intrinsèque. L'ACP permet de déterminer le repère de coordonnées canoniques dans lequel les mesures prise à chaque objet sont normalisées. Une transformation rigide est alors appliquée à la représentation de l'objet pour le décrire dans son repère canonique.

La normalisation porte sur trois points, qui sont :

- **Le centrage** (normalisation de la position), qui place le centre de gravité des objets au centre du repère pour rendre les méthodes robustes aux translations.

- **La mise à l'échelle** (normalisation de la taille), qui modifie la taille de l'objet pour rendre les méthodes robustes aux changements d'échelles.

- **L'alignement** (normalisalion de l'orientation), qui aligne les objets par rapport aux axes pour rendre les méthodes robustes aux rotations.

Si on considère un maillage de triangles Eq.3.1, le principe se base sur le calcul des valeurs propres et des vecteurs propres de la matrice de covariance calculée avec les centres de gravité des triangles dans le repère initial Figure.3.9(a). Le barycentre de l'objet devient alors le centre de l'espace 3D, et les directions P_1, P_2 et P_3 du repère canonique correspondent aux directions des vecteurs propres de la matrice de covariance, et donc aux axes principaux de l'ellipsoïde d'inertie Figure.3.9(b).

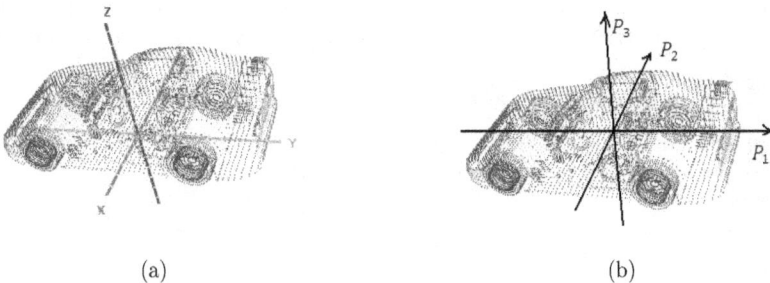

(a)   (b)

FIGURE 3.9 – Une base canonique (P_1, P_2, P_3) liée à l'objet.

Une importante limitation de l'ACP réside dans son intolérance au changement de ré-solution du maillage pour un modèle donné. Plusieurs variantes de l'ACP ont été développées pour pallier cette limitation : les auteurs de [Zaharia & Prêteux 2002c] ont proposé de pondérer les triangles par leur surface, et des travaux plus poussés de [Vranic *et al.* 2001] ont permis d'aboutir à "l'ACP continue" (Continuous PCA ou CPCA) qui donne de meilleurs résultats concernant la pondération des triangles.

La CPCA a été appliquée dans le cadre de nos travaux comme étape de prétraitement afin de normaliser la pose des objets dans l'espace.

Considérons un maillage polyédrique I formé d'un ensemble de faces triangulaires $T = \{T_1, ..., T_m\}$ où $T_i \in \mathbb{R}^3$:

$$I = \bigcup_{i=1}^{m} T_i \tag{3.1}$$

les triangles T_i sont données par l'ensemble des points :

$$P = \{p_i \mid p_i = (x_i, y_i, z_i) \in \mathbb{R}^3, 1 \leq i \leq n\} \tag{3.2}$$

Dans le cas de l'ACP "Continue", chaque triangle T_i est déterminé par ses trois sommets p_{A_i}, p_{B_i} et p_{C_i}, $A_i, B_i, C_i \in \{1...n\}$, $1 \leq i \leq m$ et défini comme un ensemble infini de points représentés par les coordonnées barycentriques de ses sommets :

$$T_i = \{v \mid v = \alpha p_{A_i} + \beta p_{B_i} + (1 - \alpha - \beta) p_{C_i}, \alpha, \beta \in \mathbb{R}^+, \alpha + \beta \leq 1\} \tag{3.3}$$

le maillage I peut s'ecrire de la manière suivante :

$$I = \bigcup_{i=1}^{m} T_i = \bigcup_{i=1}^{m} \Delta_{p_{A_i} p_{B_i} p_{C_i}} \tag{3.4}$$

Un exemple d'un objet 3D représenté par un maillage triangulaire muni d'une carte topologique et une carte géométrique est donnée dans l'Annexe B.1. Dans ce qui suit, le centre de gravité et l'aire de la surface du triangle T_i seront notés g_i et S_i respectivement et on a :

$$S_i = \frac{1}{2} \|(p_{C_i} - p_{A_i}) \times (p_{B_i} - p_{A_i})\| \quad et \quad g_i = \frac{p_{A_i} + p_{B_i} + p_{C_i}}{3} \tag{3.5}$$

on suppose que les maillages sont tels que l'intersection des triangles s'effectue sur des sous-ensembles de mesure nulle de sorte qu'on puisse décrire la surface globale du modèle comme suit :

$$S = \sum_{i=1}^{m} S_i \tag{3.6}$$

Notre but est d'établir une application affine $\delta : \mathbb{R}^3 \longrightarrow \mathbb{R}^3$ de telle manière que pour une concaténation arbitraire σ de translations, de rotations, de réflexions et de changement d'échelle, la propriété d'invariance de δ, à savoir :

$$\delta(I) = \delta(\sigma(I)) \tag{3.7}$$

est assurée, avec $\sigma(I) := \{\sigma(v) \mid v \in I\}$ et $\delta(I) := \{\delta(v) \mid v \in I\}$.

L'ACP classique est calculée seulement sur les sommets des triangles du maillage, la version continue s'applique sur un ensemble points, dit " infini " appartenant à l'ensemble de triangles construisant le maillage. Cette version est plus robuste et efficace car elle utilise la surface d'objet 3D tout entier, mais elle est plus coûteuse en termes de calcul. Le calcul se base sur le même principe, la matrice de covariance sur les points de surface I Eq.3.4.

L'invariance à la translation

L'invariance de translation est accomplie en translatant le centre de gravité de l'objet tridimensionnel, m_I à l'origine. Le centre de gravité de l'objet est calculé comme suit :

$$m_I = \frac{1}{S} \sum_{i=1}^{m} S_i g_i \tag{3.8}$$

l'ensemble de points I est maintenant translaté vers l'origine, cela nous produit une nouvelle ensemble I_1 invariante au translation :

$$I_1 := I - m_I = \{p' \mid p' = p - m_I, p \in I\} \tag{3.9}$$

L'invariance à la rotation

Nous calculons tout d'abord la matrice de covariance 3x3 sur l'ensemble I_1,

$$C_{I_1} = \frac{1}{S} \int\!\!\int_{v \in I} (v - m_I)(v - m_I)^T ds \tag{3.10}$$

ce qui donne après le calcul de l'intégrale et en utilisant l'équation 3.3 :

$$C_{I_1} = \frac{1}{12S} \sum_{1}^{m} (f(P_{A_i}) + f(P_{B_i}) + f(P_{B_i}) + 9f(g_i))S_i \tag{3.11}$$

où $f(v) = (v - m_I)(v - m_I)^T$.

Le reste de cette partie est identique avec l'ACP standard. Car la matrice C_{I_1} est une matrice symétrique définie positive dons elle est diagonalisable, ses valeurs propres sont des réels positifs et ses vecteurs propres orthogonaux sont les composantes principales cherchées. Si on veut interpréter la décomposition en composantes principales géométriquement, alors c'est revient à chercher les droit affine D de tel sort que la somme des carrés des distances des points à D soit minimale, autrement dit, en déterminant l'axe d'inertie du "nuage de points de surface".

Après le calcul des valeurs propres de la matrice de covariance C_{I_1} , nous les ordonnons par ordre décroissant. Les vecteurs propres correspondants sont calculés et normalisés. Calculons maintenant la matrice de rotation $\mathfrak{R}$ dont ses lignes sont les vecteurs propres de C_{I_1}, la relation liée les deux matrices est donnée par l'équation 3.12, avec Δ la matrice diagonale des valeurs propres de la matrice C_{I_1}.

$$C_{I_1} = \mathfrak{R}^T \Delta \mathfrak{R} \tag{3.12}$$

tel que $\Delta(1,1) \geq \Delta(2,2) \geq \Delta(3,3)$.

Cette rotation est appliquée à l'ensemble I_1 et nous obtenons alors un nouveau ensemble de points I_2 :

$$I_2 := \mathfrak{R}.I_1 = \{p''|p'' = \mathfrak{R}.p', p' \in I_1\} \tag{3.13}$$

L'invariance à la réflexion

L'invariance par rapport à la réflexion est s'assurer par la multiplications les points de l'ensemble I_2 par la matrice diagonale $F = diag(sign(f_x), sign(f_y), sign(f_z))$. La valeur de f_x (f_y et f_y sont similaire) est définie par :

$$f_x = \frac{1}{S} \iint_{v'' \in I_2} sign(v_x'') \mid v_x'' \mid^2 ds \tag{3.14}$$

ce qui donne après le calcul de l'intégrale et en utilisant l'équation (2) :

$$f_x = \frac{1}{6S} \sum_{i=1}^{m} S_i F_i^x \tag{3.15}$$

et de même pour f_y et f_z, la valeur de F_i^x est donnée dans l'Annexe B.1.

L'invariance au changement l'échelle

L'invariance à l'échelle, est réalisée en multipliant l'ensemble I_2 par l'inverse du facteur d'échelle s :

$$
\begin{aligned}
s &= \frac{1}{S} \iint_{v'' \in I_2} \|v''\| ds \tag{3.16} \\
&= \frac{2}{S} \sum_{i=1}^{m} S_i \int_0^1 d\alpha \int_0^{1-\alpha} \sqrt{(\alpha p_{A_i}'' + \beta p_{B_i}'' + (1-\alpha-\beta)p_{C_i}'')^2} d\beta \tag{3.17}
\end{aligned}
$$

Pour approximer d'une manière discrète l'intégrale s, plusieurs approches ont été proposées. La plus stable, est celle introduite par Vranic dans [Vranic 2004], elle consiste à calculer la moyenne des distances entre le centre de gravité du modèle 3D et des points prélevés uniformément sur la surface du maillage. Cette une approximation basée sur une subdivision pseudo uniforme de chaque triangle T_i de l'ensemble I_2 en k_i triangles d'aire presque égales. Elle est notée d_{avg} et calculée comme suit :

$$d_{avg} = \frac{1}{S} \sum_{i=1}^{m} \sum_{j=1}^{k_i} \frac{S_i}{p_i} \|g_i^i\| \tag{3.18}$$

$\|g_i^i\|$ étant les centres de gravité des triangles uniformément répartis sur T_i et k_i satisfaisant les relations $S \times k_i = S_i \times k$ et $k = \sum_{j=1}^{m} k_j$.

Vranic a défini le nombre k comme le nombre minimal d'échantillons pris sur la surface du modèle 3D [Vranic 2004]. Il a fixé ce nombre à 64000 pour tous les modèles de la base. Alors, sous ces conditions, la convergence n'est pas assurée. Il est donc préférable de faire tendre le facteur k vers l'infini pour se rapprocher à l'état l'idéal.

La fonction δ

En utilisant tout ce qui précède, l'application δ 3.7 est définie alors comme suit :

$$\delta(v) = s^{-1}.F.\mathfrak{R}.(v - m_I) \tag{3.19}$$

où m_I est le centre de gravité pour la translation,$\mathfrak{R}$ la matrice de rotation, F la matrice de réflexion et s le facteur d'échelle. Pour que la représentation de l'objet tridimensionnel soit indépendante des transformations euclidiennes, δ est appliqué à tous les points de départ qui constituent l'ensemble I, il suffit de l'appliquer aux points p définies par Eq. 3.2.

Nous représentons dans la figure 3.10 quelques résultats que nous avons réalisé en utilisant l'ACPC.

3.5 Etat de l'art de descripteurs 3D

Le reste du chapitre présente un état de l'art en indexation d'objets 3D. On peut distinguer plusieurs voies regroupent les différentes approches proposées. En général, ils peuvent se diviser en quatre groupes :

- les approches statistiques,
- les approches structurelles,

- les approches par transformées,
- les approches par vues.

3.5.1   Approches statistiques

Les approches statistiques consistent à caractériser les objets 3D par une ou plusieurs distributions stockées sous forme d'histogrammes. Généralement, les descripteurs statistiques cherchent à extraire des primitives géométriques en utilisant que la surface du modèle 3D (segments, cordes, triangles, tétraèdres) ou des caractéristiques mathématiques données (courbure, orientation), puis les stockées sous forme d'histogrammes. La mesure de similarité entre objets se fait par le calcul de la distance entre histogrammes.

De nombreux descripteurs de formes se basant sur ces approches ont été proposés et il est possible de les classer selon deux grandes catégories : les descripteurs locaux, qui utilisent les caractéristiques locales de la forme, et les descripteurs globaux, qui caractérisent les modèles 3D dans leur globalité.

3.5.1.1   Approches locales

Le terme local signifie exactement l'idée de cette approche, se sont des mesures local. Principalement en utilisant la courbure pour indexer l'objet, en se basant sur un calcul en chaque point de la surface pour remplir une carte de courbure, puis de comparer ces mesures avec celles d'autres objets.

3.5.1.1.1   Descripteur de spectre de forme 3D

Les auteurs, Zaharia et Prêteux [Zaharia & Prêteux 2002c] ont proposé un descrip-

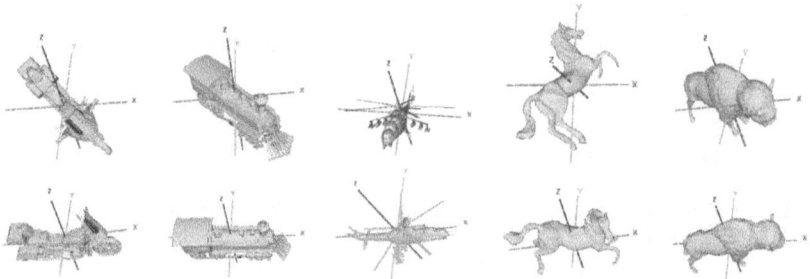

FIGURE 3.10 – Les objets dans des positions arbitraires dans l'espace sont affichés en haut et avec l'ACPC en bas

teur de spectre de forme 3D appelé " 3D shape spectrum descriptor ou 3DSSD ", a été adopté comme descripteur de forme pour le format standard MPEG-7. Il s'agit d'un descripteur caractérisant les courbures locales de la surface des objets 3D Figure.3.11 (C^2-différentiable) au moyen de l'indice de forme de Koenderink [Koenderink & Doorn 1992].

A chaque point p d'une surface 3D régulière, on peut associer l'indice de forme I_p comme elle montre l'équation 3.20, avec κ_p^1 et κ_p^2 les courbures principales de la surface associées à p.

$$I_p = \frac{1}{2} - \frac{1}{\pi} \arctan \frac{\kappa_p^1 + \kappa_p^2}{\kappa_p^1 - \kappa_p^2}, \quad \text{avec} \quad \kappa_p^1 \geq \kappa_p^2 \tag{3.20}$$

I_p est à valeur dans $[0,1]$ et n'est pas défini pour des surfaces planes pour lesquelles on à : $\kappa_p^1 = \kappa_p^2 = 0$.

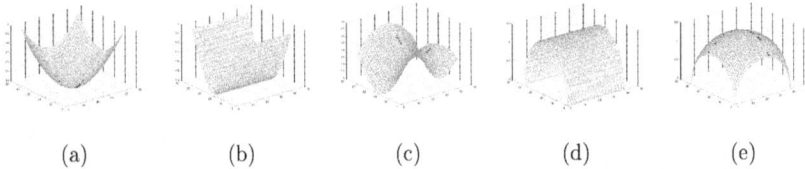

(a)   (b)   (c)   (d)   (e)

FIGURE 3.11 – Formes élémentaires et leurs indices de forme (IF) associés : (a) Ombilic minimal (IF = 0.0), (b) Vallée (IF = 0.25), (c) Selle (IF = 0.5), (d) Crête (IF = 0.75), (e) Ombilic maximal (IF = 1.0) [Zaharia & Prêteux 2002a]

Les courbures principales sont estimées directement depuis le maillage triangulé, préalablement lissé avec un filtre passe-bas (par exemple de type Laplacien) pour éliminer le bruit sur la position des sommets du maillage. Les courbures principales sont estimées en calculant la surface polynômiale du second degré qui approxime localement le maillage 3D. En chaque sommet du maillage la normale à la surface polynômiale est égale à la somme des normales des triangles adjacents au sommet, les triangles étant pondérés par leur surface.

3.5.1.1.2 Descripteur gossien 3D

CHAOUCH [Chaouch 2009] a proposé un descripteur, se basant sur la dérivée de l'expression de loi gaussienne. La transformée gaussienne sur un point q de la surface de l'objet I 3.1 est définie par :

$$g(q, I, \sigma) = \iint_{p \in I} e^{\frac{-d^2(p,q)}{\sigma^2}} ds \tag{3.21}$$

où σ la bande gaussienne et d la distance euclidienne du point p au point q de I.

Soit O un objet centré aligné et mis à l'échelle et B une boîte englobant O (voir l'Annexe B.3). La boîte B est discrétisée en N^3 point $q_{ijk}(x_i, y_j, z_k)$ regroupés dans les ensembles suivants :

- $\mathfrak{X} = \{x_i = x_{min} + (i+0.5)\Delta_x\}$, où $\Delta_x = (x_{max} - x_{min})/N$
- $\mathfrak{Y} = \{y_j = y_{min} + (j+0.5)\Delta_y\}$, où $\Delta_y = (y_{max} - y_{min})/N$
- $\mathfrak{Z} = \{z_k = z_{min} + (k+0.5)\Delta_z\}$, où $\Delta_z = (z_{max} - z_{min})/N$

où i, j et $k \in \{0, .., N-1\}$.

L'application g Eq. 3.21 est définie sur l'ensemble $\mathfrak{X} \times \mathfrak{Y} \times \mathfrak{Z}$ dans $\mathbb{R}$. Les coefficients du descripteur gaussien 3D sont définis par :

$$g_{ijk} = g(q_{ijk}, I, \sigma) = \iint_{p \in I} e^{\frac{-d^2(p, q_{ijk})}{\sigma^2}} ds \qquad (3.22)$$

L'approximation discrète de descripteur gaussien 3D est calculé par l'accumulation de points de la surface de l'objet sur un ensemble fini E de points de I. Dans ce cas les coefficients du descripteur sont calculés comme suit :

$$g_{ijk} = \sum_{p \in E} e_{ijk}^p \qquad (3.23)$$

où $e_{ijk}^p = e^{\frac{-d^2(p, q_{ijk})}{\sigma^2}}$

L'auteur a pris l'ensemble $E_T = \bigcup_{p \in E}^{N_T} g_i$ un nuage de points de I défini par les centres de gravité g_i 3.5 de toutes les facettes T_i 3.3 de I.

3.5.1.2 Approches globales

Contrairement aux descripteurs locaux, les descripteurs globaux prennent l'objet en sa globalité. En utilisant une fonction de forme qui mesure les propriétés géométriques de l'objet dans son intégralité en calculant par exemple des distances entre des points sur la surface de l'objet, ou des moments 3D.

L'idée principale d'Osada et al. [Osada *et al.* 2001] est de transformer un modèle 3D maillés quelconques en une fonction paramétrique qui peut être comparé avec les autres facilement. L'indexation et la mesure de similarité se devisent en trois étapes : la sélection d'une fonction de distribution, le calcul de facteurs de distribution pour chaque forme et le calcul de la distance entre paires de distributions pour mesuré la similarité entre objets. Dans le coté de l'expérimentation, les auteurs sont choisis cinq fonctions de distribution de formes :

- en prenant au hasard trois points de la surface de l'objet et en calculant les l'aire de triangle qu'elles construisent.
- en mesurant le volume tétraédrique entre quatre points pris au hasard sur la surface du modèle,
- en calculons la distance euclidienne entre deux points pris au hasard sur la surface du modèle.
- en mesurant les angles entre trois points pris au hasard sur la surface du modèle 3D,
- en calculant la distance euclidienne entre un point fixe du modèle (le centre de gravité par exemple) et un point pris aléatoirement sur sa surface.

Tous les points considérés sont pris au hasard sur des faces triangulaires de l'objet, les faces triangulaires étant elles-mêmes prises au hasard. Ces descripteurs sont invariants aux rotations et aux translations. Pour les rendre invariant à la mise à l'échelle, les auteurs choisissent de normaliser les distributions. Les auteurs effectuer plusieurs testes pour monter les bons résultats de l'approche choisie dans un but de pré-classification avant utilisation d'une méthode de recherche plus fine et plus robuste.

En exploitant la même, Adan et al. [Adan *et al.* 2001] utilisent des invariants globaux pour simplifier et accélérer le processus de calcul des descripteurs. Ils proposent de répartir le processus d'indexation et de recherche d'objets en deux étapes, la discrimination et l'identification. La première étape consiste à utiliser deux caractéristiques globales invariantes aux rotations, translations et mises à l'échelle : une valeur scalaire simple,

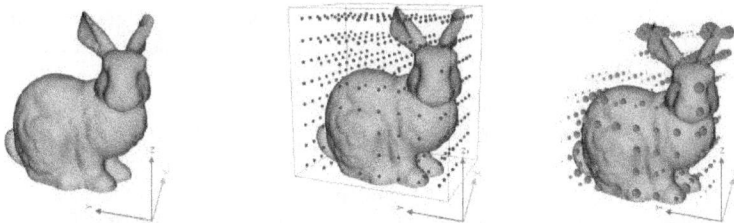

FIGURE 3.12 – Exemple de calcul de descripteur 3DGA : (a) modèle "bunny" normale, (b) échantionnage de la boite englobant ($N = 8$), les points q_{ijk} sont colorés en belu, (c) les rayons des boules proportionnels aux coefficients g_{ijk} [Chaouch 2009].

qui donne une mesure indirecte de la surface de l'objet, et un ensemble de vecteurs correspondant à l'orientation cohérente de la surface du modèle. Ces deux caractéristiques permettent de réduire considérablement le nombre de réponses potentiellement correctes dans la base de données avant de passer à la deuxième étape d'identification. Cette étape consiste à effectuer des tests d'hypothèses de la distribution de courbures sur la base précédemment réduite pour une identifie l'objet similaire.

Toutes ces descriptions statistiques offrent l'avantage de la compacité et d'un faible coût de calcul. Toutefois, trop élémentaires pour caractériser la notion de forme, ces approches ne vérifient pas les contraintes d'invariance géométrique.

3.5.2 Approches structurelles

Dans les approches structurelles, chaque objet est représenté par une structure. Il s'agit ici de définir un modèle structurel qui décrit à la fois les différents composants de l'objet et les relations qui les lient. Parmi les structures de données qui sont largement utilisées dans la reconnaissance de formes structurelle, nous distinguons particulièrement les chaînes, les arbres et les graphes. Durant la phase d'indexation, ces méthodes extraient des objets 3D une représentation structurelle de l'objet suivant différentes méthodes. La comparaison des modèles se faisant alors en comparant leurs graphes. On présentera rapidement la transformation par axe médian 3D, qui est une extension de la méthode la plus connue pour obtenir un squelette en 2D, puis des approches pour obtenir des graphes. Cependant, ces méthodes restent coûteuses, très sensibles aux bruits et très dépendantes de la topologie.

3.5.2.1 Squelette par axe médian

La transformée en axe médian est un outil né du besoin de décrire de manière compacte les propriétés globales d'un objet et en particulier la forme. Cette approche caractérise la forme d'un objet 3D comme une suite de lignes courbes, représentant un graphe caractérisant le squelette. La structure de ce graphe nous donne l'information sur la forme de l'objet. L'axe médian d'un objet a été défini par Blum en 1967 [Blum 1967] comme étant l'ensemble des centres des disques maximaux inclus dans l'objet. Un disque est maximal s'il n'est inclu dans aucun autre disque dans l'objet. On obtient donc un graphe linéaire en 2D Figure 3.13

Chaque arc du graphe est médian, c'est-à-dire qu'il est situé au milieu d'une certaine partie de la forme et agit comme un axe de symétrie. Il existe différentes techniques pour obtenir un axe médian :
- la propagation du feu de prairie [Tanase & Veltkamp 2003] qui produit un squelette analogue à celui par disques maximaux,
- transformation par axe médian 3D [Sherbrooke *et al.* 1996],

- l'amincissement homotopique [Lee *et al.* 1994],
- le diagramme de Voronoï [Attali & Boissonnat 2002],
- la carte des distances [L.Wade 2000].

Bien que les squelettes soient une représentation compacte très riche, de haut niveau d'abstraction et très utiles dans beaucoup d'applications, il reste que les principaux problèmes des approches par transformée par axe médian sont le manque de robustesse aux déformations locales, la complexité d'extraction du squelette, et la difficulté de coder des vecteurs caractéristiques. De plus en 3D, l'axe médian est plus complexe et peut contenir des surfaces. On l'appelle alors *surface médiane* [Sherbrooke *et al.* 1996].

3.5.2.2 Graphe de Reeb multi-résolution

D'après la théorie de Morse, une fonction continue définie sur une surface fermée caractérise la topologie de la surface en ses points critiques [Shinagawa *et al.* 1991] [Milnor 1963]. Le graphe de Reeb (appelé aussi squelette géodésique) est obtenu à partir d'une telle fonction μ définie sur la surface d'un objet 3D. L'aspect multirésolution provient de la discrétisation dichotomique des valeurs de la fonction et du regroupement hiérarchique des graphes de Reeb obtenus à chaque résolution.

- La fonction μ

Un graphe de Reeb est toujours produit par une fonction continue μ. Si une fonction différente est employée le graphe de Reeb changera. Il est important que la fonction μ soit soigneusement définie pour l'application. Par exemple, une fonction de poids Figure 3.14 n'est pas appropriée pour l'identification d'objets 3D car elle n'est pas invariante aux transformations géométriques comme la rotation. Pour pallier à ces problèmes, Hilaga et al. [Hilaga *et al.* 2001] propose d'utiliser une distance géodésique, c'est à dire, la distance entre deux points sur une surface. Employer la distance géodésique fournit l'invariance

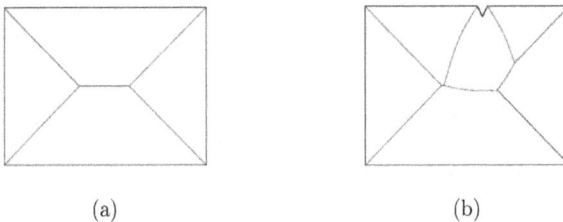

(a)   (b)

FIGURE 3.13 – La transformée par axe médian produit un graphe linéaire en 2D. (a) et (b) montrent la sensibilité du graphe aux artéfacts [Blum 1967].

aux rotations, aux bruits et petites ondulations ou déformations. La fonctions μ à un point v sur une surface S est construite par :

$$\mu(v) = \int_{p \in S} g(v,p)ds \tag{3.24}$$

où la fonction $g(v,p)$ retourne la distance géodésique entre deux points v et p sur la surface S. Cette fonction est définie comme la somme de la distance géodésique de v à tous les points de S, une petite valeur signifie que la distance de v aux points de la surface est relativement petite, donc le point v est proche du centre de l'objet.

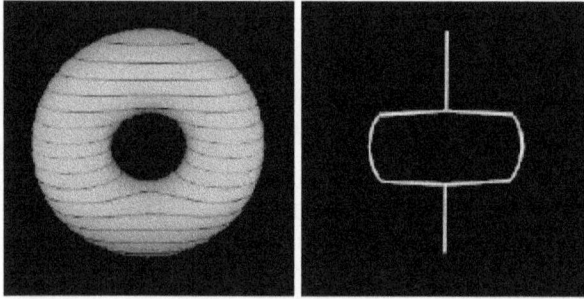

FIGURE 3.14 – Tore et graphe de Reeb correspondant pour une certaine fonction de poids. la fonction de point est sur cet exemple la hauteur [Hilaga *et al.* 2001]

Les auteurs [Hilaga *et al.* 2001] ont choisi de normaliser la fonction avec au dénominateur $\max_{p \in S} \mu(p)$. Mais afin de profiter d'une meilleure dynamique de $\mu(v)$ sur $[0;1]$, nous avons normalisé la fonction avec ses valeurs min et max :

$$\mu_N(v) = \frac{\mu(v) - \min_{p \in S} \mu(p)}{\max_{p \in S} \mu(p) - \min_{p \in S} \mu(p)} \tag{3.25}$$

Le graphe de Reeb correspondant est obtenu en partitionnant itérativement l'objet suivant des intervalles réguliers de valeurs de μ, et en reliant les régions connexes entre elles. Pour chaque intervalle, on considère les différents ensembles connexes de triangles et on affecte un noeud à chacun d'entre eux.

- Aspect multirésolution

Pour construire un graphe de Reeb à R niveaux de résolution [Tung & Schmitt 2004], μ_N est subdivisé en 2^R intervalles à partir desquels la surface de l'objet est partitionnée.

La construction d'un *MRG* s'effectue de manière hiérarchique, le passage à un graphe de résolution inférieur se faisant par fusion des intervalles deux par deux [Hilaga *et al.* 2001]. Un noeud parent est associé à chaque ensemble connexe de chaque nouvel intervalle obtenu. Un noeud parent est relié à n noeuds fils ($n \geq 1$) appartenant au niveau de résolution immédiatement supérieur Figure 3.15.

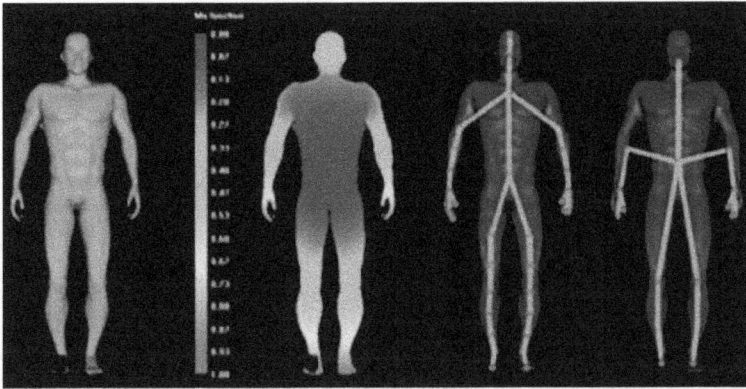

FIGURE 3.15 – Graphe de Reeb : modèle 3D (gauche), fonction μ (centre), graphe de Reeb à la résolution r=3, graphe de Reeb à la résolution r=2 obtenu par fusion des noeuds au niveau supérieur ; arêtes en vert ; noeuds en rouge (droite)[Tung & Schmitt 2004]

Les graphes de Reeb sont utilisés dans divers domaines tels que la cartographie pour la modélisation de terrain [Takahashi *et al.* 1995], le médical pour la segmentation de scanner 3D de corps humain [Xiao *et al.* 2003], et la reconnaissance de formes 3D [Biasotti *et al.* 2003][Chen & OuhYoung 2002].

Dans [Biasotti *et al.* 2000][Biasotti *et al.* 2003], une méthode d'appariement de graphe reposant sur la propagation de sous-graphes appariés est proposée. La méthode est de complexité quadratique et utilise des graphes de Reeb étendus (Extended Reeb Graph ou ERG) : les graphes de reeb sont orientés et possèdent des informations aux arêtes.

3.5.3 Approches par transformées

Les représentations de forme 2D fondées sur des transformées ont été souvent proposées dans la littérature comme descripteurs de forme 2D. On peut citer : le descripteur de Fourier, le descripteur de Hough, les moments géométriques et les moments de Zernike. Par analogie 2D/3D, la plupart de ces transformées ont été étendues et utilisées en indexation 3D. La représentation de l'objet 3D par une transformée est généralement définie par la projection de la fonction caractérisant l'objet 3D (surfacique ou volumique) sur une famille de fonctions caractéristiques. Dans cette section, nous nous sommes principalement intéressé dans cette partie, aux méthodes basées sur la transformée de Hough 3D, et aux approches basées sur les moments.

3.5.3.1 Transformée de Hough

Le descripteur de Hough 3D (TH 3D) introduite par Zaharia et Préteux dans [Zaharia & Prêteu est fondée sur un principe d'accumulation des points sur des plans de R^3. Tout plan est représenté en coordonnées sphériques par le triplet (r, θ, φ), où $(r \geq 0)$ est sa distance à l'origine, $\theta \in [0, 2\pi]$ l'angle d'azimut et $\varphi \in [-\frac{\pi}{2}, \frac{\pi}{2}]$ l'angle d'élévation. En échantillonnant uniformément l'espace des paramètres sphériques, un ensemble de $N_r \times N_\theta \times N_\varphi$ composantes est crée pour définir l'histogramme de Hough 3D. La contribution d'une facette sur un plan d'orientation (θ_j, φ_k) est donnée par l'aire de sa projection sur le plan considéré. La composante $h(r_i, \theta_j, \varphi_k)$ est incrémentée par la contribution de chaque facette ayant une distance $r_{j,k}^{g_l}$ quantifiée à la proche valeur r_i, $r_{j,k}^{g_l} = g_l.n_{jk}$ étant la distance signée du plan d'orientation (θ_j, φ_k) passant par le centre de gravité g_l de la facette. La construction de ce descripteur est effectuée dans le cadre d'un repère intrinsèque défini par le centre de gravité et les axes principaux de l'objet 3D. Pour s'affranchir des problèmes d'étiquetage et d'inversion des axes principaux, les auteurs proposent une version optimisée (DH3DO) en considérant les partitions de la sphère unité obtenues par projection des sommets d'un polyèdre régulier sur la sphère.

D'autres axes de recherche considèrent des extensions probabilistes de la transformée de Hough [Xu et al. 1990] [McLaughlin 1998][Kiryati et al. 2000], qui visent à réduire la complexité de calcul en échantillonnant aléatoirement les données, sans pour autant diminuer les performances de la représentation en terme de pouvoir de discrimination. Enfin, mentionnons également les versions floues de la transformée de Hough [Bhandarkar 1994] [Philip et al. 1994] [Soodamani & Liu 1998], se proposant de combiner les principes de la transformée de Hough classique avec ceux de la théorie des ensembles flous.

3.5.3.2 Approches basées sur les moments

Comme pour l'indexation de forme 2D, les moments pour les formes 3D sont définis comme une projection de la fonction qui la caractérise (surfacique ou volumique) sur une famille de fonctions caractéristiques. Dans la littérature, plusieurs descripteurs proposés se basant sur les moments. Les moments géométriques 2.4.2.1.1, Legendre 2.4.2.1.3, Fourier-Mellin 2.4.1.1.2, Zernike 2.4.2.1.2 sont les plus utilisés dans l'indexation d'objet 3D.

Etant donné un objet 3D représenté par une fonction f, les calcules des moments 3D consiste à projeter f sur une famille de fonctions $\Psi = \{\varphi_i\}_{i \in N}$, dans un domaine de définition Θ. Ceci peut s'écrire :

$$\mu_i = \langle f, \varphi_i \rangle = \int_\Theta f(x)\overline{\varphi_i(x)}dx \qquad (3.26)$$

où, φ_i est la i^{me} fonction de base et Θ est le domaine de définition où f est intégrable. Le vecteur descripteur est alors construit par les coefficients μ définissant l'objet 3D. Comme nous avons cité dans les approches 2D, le niveau de précision est défini en fonction du nombre de fonctions de base Ψ et des descripteurs choisis. Plusieurs familles de fonctions de base existent pour la caractérisation de la forme 3D, parmi celles les plus utilisés on trouve :

- Les moments géométriques utilisés par [Saupe & Vranic 2001],
- La transformée de Fourier 3D utilisé par [Vranic 2001],
- Les moments de Zernike 3D proposé par [Canterakis 1999] et utilisé par [Novotni & Klein 2004],
- Les harmoniques sphériques de [Funkhouser et al. 2003].

3.5.3.2.1 Les moments géométriques

Saupe et Vranic [Saupe & Vranic 2001] proposent une alternative à la représentation d'une fonction sphérique $r(u)$ par les moments géométriques.

Soit S^2 la sphère unité de rayon 1 et de centre coïncide avec l'origine O. Les vecteurs directeurs unitaires u_i peuvent être interprétés comme points de la sphère S^2. Les auteurs définissent alors la fonction $r(u)$ sur la sphère ($u \in S^2$) :

$$r \quad : \quad S^2 \quad \longrightarrow \quad [0, +\infty[\qquad (3.27)$$
$$u \quad \longmapsto \quad r(u) = \max\{r \geq 0 \mid ru \in I \cup \{O\}\} \qquad (3.28)$$

où I est donnée par 3.1. La fonction $r(u)$ mesure la distance entre un point sur la surface de l'objet 3D et l'origine dans les directions $u_1, ..., u_N$. L'objet 3D est centré, mis à l'échelle et aligné via l'analyse en composantes principales continue. Les moments géométriques d'ordre $(p + q + r)$ sont calculés comme suit :

$$M_{pqr} = \sum_{k=0}^{2B-1} \sum_{l=0}^{2B-1} r(u_{kl})\Delta s_k x_{kl}^p y_{kl}^q z_{kl}^r, \qquad p, q, r = 0, 1, 2, ..., \qquad (3.29)$$

$r(u_{kl})$ étant la distance maximale entre la surface de l'objet et son centre, suivant la direction u_{kl} :

$$u_{kl} = u(\theta_k, \varphi_l) = (x_{kl}, y_{kl}, z_{kl}) = (cos\varphi_l sin\theta_k, sin\varphi_l sin\theta_k, cos\theta_k) \qquad (3.30)$$

$$\theta_k = \frac{(2k+1)\pi}{4B}, \quad \varphi_l = \frac{2l\pi}{2B}, \quad 0 \le k, l \le 2B - 1, \quad B \text{ puissance de 2} \qquad (3.31)$$

et Δs_k l'aire de la surface sur la boule unité correspondant au point u_{kl} pour compenser l'échantillonnage angulaire non uniforme :

$$\Delta s_k = \frac{2\pi}{B}(cos(\theta_k - \frac{\pi}{2B}) - cos(\theta_k + \frac{\pi}{2B})). \qquad (3.32)$$

Les moments d'ordre $1 \le p + q + r \le k$ forment le vecteur caractéristique de l'objet 3D. Vranic à démonter que les meilleurs résultats sont obtenus pour $k \ge 11$.

3.5.3.2.2   Descripteur de Fourier 3D

La transformée de Fourier 3D d'un objet tridimensionnel permet de caractériser ses informations dans l'espace des fréquences. Vranic et Saupe, dans [Vranic 2001] proposent d'utiliser la transformée de Fourier 3D sur des modèles 3D voxelisés, préalablement centré, mis à l'échelle et aligné par une analyse en composante principale. L'objet 3D est représenté par l'ensemble des voxels Q défini comme :

$$Q = \{q_{ikl} \mid q_{ikl} \in \mathbb{R}, -\frac{N}{2} \le i, k, l \le \frac{N}{2}\}$$

L'ensemble Q est transformé en l'ensemble des coefficients noté G :

$$G = \{g_{uvw} \mid g_{uvw} \in \mathbb{C}, -\frac{N}{2} \le u, v, w \le \frac{N}{2}\}$$

Les premiers coefficients de Fourier sont calculés selon la formule :

$$g_{uvw} = \frac{1}{\sqrt{N^3}} \sum_{i=-p}^{p-1} \sum_{k=-p}^{p-1} \sum_{l=-p}^{p-1} q_{ikl} \exp(-j\frac{\pi}{p}(iu + kv + lw)) \qquad (3.33)$$

où $p = \frac{N}{2}$. Les normes des coefficients $|g_{uvw}|$ vérifiant $1 \le |u|, |v|, |w| \le K \le p$ sont sélectionnées comme descripteurs. Le vecteur descripteur [Vranic 2001] est composé de $((2K - 1)3 + 1)/2$ valeurs réelles.

Cependant, le problème majeur est inhérent à la transformée de Fourier elle-même. En effet l'espace d'application doit être continu, ce qui implique que les maillages doivent être réguliers, et donc les objets complexes ne peuvent pas être bien décrits. Aussi, les descripteurs de Fourier ne sont pas très discriminants lorsque le nombre de coefficients est trop faible, et de plus les coefficients des hautes fréquences sont très sensibles aux bruits ou aux petites variations de la connectivité du modèle 3D de l'objet, et à la finesse de la voxelisation.

3.5.3.2.3 Les moments invariants de surface 3D

Dong Xu et Hua Li [Xu & Li 2006] proposent un descripteur de moments d'une surface 3D de forme libre. On considère un surface 3D sous forme d'un maillage triangulaire $T = \bigcup_{i=1}^{m} T^i$ composée de triangles T^i, $i \in S \subset \mathbb{N}$. les moments de surface 3D M_{klm} d'ordre $(k + l + m)$ du maillage T est une accumulation des moments de surface m_{klm}^i associée au triangle T^i définie par :

$$M_{klm} = \sum_{i \in S} m_{klm}^i \tag{3.34}$$

Généralement pour un triangle Δ de la surface 3D, le moment de surface est donné par :

$$m_{klm} = \iint_{\Delta} x^k y^l z^m \rho(x,y,z) ds \tag{3.35}$$

avec ρ est la fonction de densité. En utilisant la paramétrisation de la surface $P(u,v) = (x(u,v), y(u,v), z(u,v))$ dans $\mathbb{R}^2$. Si D le domaine de définition de P dans $\mathbb{R}^2$, le moment m_{klm} devient de la forme suivante :

$$m_{klm} = \iint_{D} x^k(u,v) y^l(u,v) z^m(u,v) \rho(x(u,v), y(u,v), z(u,v)) \sqrt{EF - G^2} dudv \tag{3.36}$$

où $E = x_u^2 + y_u^2 + z_u^2$, $G = x_v^2 + y_v^2 + z_v^2$ et $F = x_u x_v + y_u y_v + z_u z_v$ les coefficients de la première forme fondamentale.

Le centroïde de surface 3D peut être déterminé à partir du moment d'ordre zéro et d'ordre un par $\overline{x} = \frac{M_{100}}{M_{000}}, \overline{y} = \frac{M_{010}}{M_{000}}$ et $\overline{z} = \frac{M_{001}}{M_{000}}$, le moment de surface 3D centré est défini comme suit :

$$M_{klm} = \iint_{T} (x - \overline{x})^k (y - \overline{y})^l (z - \overline{z})^m \rho(x,y,z) ds \tag{3.37}$$

Le moment centré est maintenant invariant à la translation. Après la normalisation du moment par $M_{000}^{1 + \frac{(k+l+m)}{2}}$ il devient invariant au changement d'échelle, et est défini par :

$$\mu_{klm} = \frac{M_{klm}}{M_{000}^{1 + \frac{(k+l+m)}{2}}} \tag{3.38}$$

Dong Xu et Hua Li [Xu & Li 2006] construisent les six invariants à la rotation en utilisant les moments d'ordre quatre, trois et deux comme suite :

$$
\begin{aligned}
I_1 &= \tfrac{1}{M_{000}^3}(M_{400} + M_{040} + M_{004} + 2M_{220} + 2M_{202} + 2M_{022}) \\
I_2 &= \tfrac{1}{M_{000}^6}(M_{400}M_{040} + M_{400}M_{004} + M_{004}M_{040} + 3M_{220}^2 + 3M_{202}^2 + 3M_{022}^2 \\
&\quad -4M_{103}M_{301} - 4M_{130}M_{310} - 4M_{013}M_{031} + 2M_{022}M_{202} + 2M_{022}M_{220} \\
&\quad +2M_{220}M_{202} + 2M_{022}M_{400} + 2M_{004}M_{220} + 2M_{040}M_{202} - 4M_{103}M_{121} \\
&\quad -4M_{130}M_{112} - 4M_{013}M_{211} - 4M_{121}M_{301} - 4M_{112}M_{310} - 4M_{211}M_{031} \\
&\quad +4M_{211}^2 + 4M_{112}^2 + 4M_{121}^2) \\
I_3 &= \tfrac{1}{M_{000}^6}(M_{400}^2 + M_{040}^2 + M_{004}^2 + 4M_{310}^2 + 4M_{301}^2 + 4M_{013}^2 + 4M_{031}^2 + 4M_{310}^2 \\
&\quad +4M_{301}^2 + 6M_{022}^2 + 12M_{112}^2 + 12M_{121}^2 + 12M_{211}^2) \\
I_4 &= \tfrac{1}{M_{000}^5}(M_{300}^2 + M_{030}^2 + M_{003}^2 + 3M_{120}^2 + 3M_{102}^2 + 3M_{012}^2 + 3M_{021}^2 + M_{111}^2) \\
&\quad +3M_{210}^2 + 3M_{201}^2 \\
I_5 &= \tfrac{1}{M_{000}^5}(M_{300}^2 + M_{030}^2 + M_{003}^2 + M_{120}^2 + M_{012}^2 + M_{102}^2 + M_{210}^2 + M_{021}^2 \\
&\quad +M_{201}^2 + 2M_{300}M_{120} + 2M_{300}M_{102} + 2M_{120}M_{102} + 2M_{003}M_{201} \\
&\quad +2M_{003}M_{021} + 2M_{021}M_{201} + 2M_{030}M_{012} + 2M_{030}M_{210} + 2M_{012}M_{210}) \\
I_6 &= \tfrac{1}{M_{000}^5}[M_{200}(M_{400} + M_{220} + M_{202}) + M_{020}(M_{220} + M_{040} + M_{022}) \\
&\quad +M_{002}(M_{202} + M_{022} + M_{004}) + 2M_{110}(M_{310} + M_{130} + M_{112}) \\
&\quad +2M_{101}(M_{301} + M_{121} + M_{103}) + 2M_{011}(M_{211} + M_{031} + M_{013})]
\end{aligned}
$$

$$(3.39)$$

3.5.3.2.4   Les moments de Zernike 3D

Les moments de Zernike 3D sont calculés en projetant une fonction définissant l'objet 3D, f, sur un système complet de fonctions orthonormées définies sur la boule unité. Ont été utilisées par [Canterakis 1999] pour décrire une forme, ces fonctions sont appelées polynômes de Zernike 3D et notées Z_{nl}^m, pour tout point p de $\mathbb{R}^3$ on a :

$$
Z_{nl}^m(p) = \sum_{v=0}^{k} q_{kl}^v |p|^{2v} e_l^m(p) \tag{3.40}
$$

avec $n \in [0, N]$ et $l \in [0, n]$, tel que $(n - l)$ est paire, et $m \in [-l, l]$. La quantité q_{kl}^v et e_l^m ainsi que d'autre détailes sont donnés dans l'Annexe B.2.

Il est possible d'approximer la fonction f définissant l'objet 3D par un nombre fini de ses moments de Zernike Ω_{nl}^m :

$$
\hat{f}(p) = \sum_n \sum_l \sum_m \Omega_{nl}^m . Z_{nl}^m(p) \tag{3.41}
$$

Ω_{nl}^m sont donnés par une combinaison linéaire des moments géométriques M_{rst} 3.29 :

$$\Omega_{nl}^m = \frac{3}{4\pi} \sum_{r+s+t \leq n} \overline{\chi_{nlm}^{rst}} M_{rst} \qquad (3.42)$$

χ_{nlm}^{rst} étant la fonction définissant la combinaison linéaire voir l'annexe B.2.

Novonti et Klein [Novotni & Klein 2004] ont utilisé cette décomposition pour définir le descripteur de Zernike 3D noté F_{nl} 3.43. Le calcul du descripteur se fait d'une manière discrète en utilisant la fonction f représentant l'objet 3D qui doit être préalablement normalisé. Ce descripteur est la norme du vecteur Ω_{nl}^m.

$$F_{nl} = \| \Omega_{nl}^m \| \qquad (3.43)$$

3.5.4 Approches par vues

L'analyse de la littérature montre qu'il existe une variété de descripteurs 3D qui dérivent des différents aspects des objets 3D. Certains d'entre eux reposent sur les propriétés géométriques des modèles, alors que d'autres se fondent sur les images 2D des modèles.

A l'aide du descripteur associé aux images de projection 2D, l'objet 3D peut être représenté d'une manière compacte. Les images sont généralement, des cartes de courbures, des images de profondeur, ou des silhouettes. Ces deux dernières catégories, leur principe consiste à associer aux objets 3D un ensemble de projections 2D, correspondant à différents angles de vue. La mesure de similarité entre les descripteurs 2D permet de mesurer la similarité entre formes 3D.

Un point qui va modifier l'efficacité et la rapidité de ces méthodes est le nombre et la position de vues à rendre en compte. Ce nombre est directement lié aux performances du système. Il faut le diminuer au maximum pour avoir une méthode rapide, tout en conservant la capacité descriptive des vues. Deux approches ont été exploitées pour diminuer le nombre de vues, soit en ne prenant au départ qu'un nombre restreint de vues [Abbasi & Mokhtarian 2001] [Chen & Stockman 1998] [Nayar 1996], calculées généralement par rapport aux axes principaux du modèle 3D, soit en prenant un grand nombre de vues et en les regroupant pour ne garder que les plus caractéristiques [Bowyer & Dyer 1990][Christopher & Kimia 2004]. La Figure 3.16 montre plusieurs répartitions de vues sur la sphère des vues.

Les méthodes d'indexation d'objets 3D par vues, varient en fonction de la méthode de description des vues choisies. De façon globale, tous les descripteurs de forme 2D peuvent être utilisés pour caractériser les vues extraites des objets 3D.

Un descripteur basé sur les images de profondeur, appelé *"Depth Beffer-Based Descriptor"* (DBD). Il a été introduit par Heczko et al.[Heczko *et al.* 2003]. Puis il a été utilisé et détaillé par Vranic [Vranic 2004]. L'extraction de la signature pour un objet 3D commence par une étape de normalisation, l'objet prend sa position par rapport à un cube d'axes parallèles à ceux du repère intrinsèque à lui-même en utilisant l'ACP, puis en calculant les images de profondeur en niveau de gris, déterminées par la projection du modèle sur les six faces de cube. Le vecteur descripteur est maintenant construit par les coefficients base-fréquences de Fourier pour chaque image. Une comparaison entre plusieurs descripteurs a été réalisée par [Bustos *et al.* 2004], montre la meilleure discrimination des objets 3D ainsi que la robustesse de cette approche.

Le descripteur appelé descripteur multiple de Fourier (MODFD), il est aussi basé sur les images de profondeur, mais avec un facteur d'orientation. L'étape de normalisation d'objet 3D n'utilise que deux étapes de l'ACP, pour obtenir une représentation du modèle invariant à la fois à la translation et au facteur d'échelle, car l'invariance par rapport à la rotation est garantie en calculant des images de profondeur du modèle 3D prises à partir de 42 points de vue différents. En discrétisant l'espace (θ, φ) de la boule unité, les images prises couvrent toutes les vus d'objet. En appelant la méthode de Zhang [Zhang & Lu 2002], chaque image de profondeur dans le système de coordonnées cartésiens (x, y) est transformée en image de profondeur dans le système de coordonnées polaires (r, θ). A partir de chacune de ces images en calculant les coefficients base-fréquences de Fourier pour construire le vecteur descripteur correspondant. La similarité entre objets 3D est correspond au calcul de la distance entre les vecteurs descripteurs de chaque modèle.

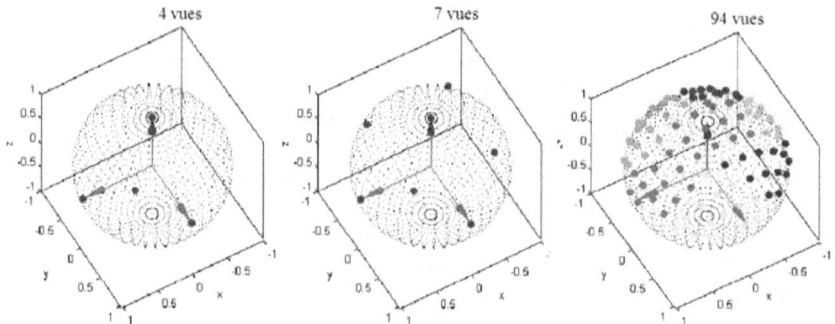

FIGURE 3.16 – Exemple de répartition de vues sur la sphère des vues d'un objet : 4 vues, 7 vues ou 94 vues par une méthode de Sphere Picking.

Une méthode a été introduite par Mahmoudi et al.[Mahmoudi & Daoudi 2002] [Mahmoudi & Daoudi inscrite dans l'approche 2D/3D basée sur des calculs de silhouettes. Chaque modèle 3D est représenté par 7 vues : les trois premières projections suivent les directions détermi-nées par l'ACP appliquée sur l'objet 3D et les quatre autres sont déduites des principales vues. Pour indexer les images ils sont utilisés les CSS, ils sont organisés sous forme d'arbre dit M-Tree. Les résultats obtenus sur une base de cent modèles montrent l'intérêt de cette approche.

Chen et al. [Chen 2003] proposent une méthode originale nommée "LFD", pour *Light-Field Descriptor*, permettant d'indexer un objet 3D. Ils proposent pour chaque silhouette 2D, obtenue par projection du modèle 3D sur un plan, de calculer ses 36 moments de Zernike [Zernike 1934] ainsi que 10 coefficients de Fourier. Pour caractériser au mieux l'objet 3D, dix vues sont extraites à partir des sommets d'un dodécaèdre. Il n'est pas nécessaire de capturer une silhouette à partir des vingt sommets car, en utilisant une projection orthogonale, les silhouettes des sommets opposées sont identiques à un miroir près, pris en compte par la description. Cette méthode permet de simuler une rotation de l'objet 3D en permutant uniquement les vues extraites Figure.3.18.

Sur le même principe, Filai Ansary et al. [Ansary *et al.* 2004][Ansary *et al.* 2005] ont proposé une méthode de réduction de vues basée sur une sélection des vues par une approche probabiliste. Un grand nombre de vues est créé à partir d'un objet 3D et les auteurs utilisent un algorithme de classification adaptative inspiré de l'algorithme X-

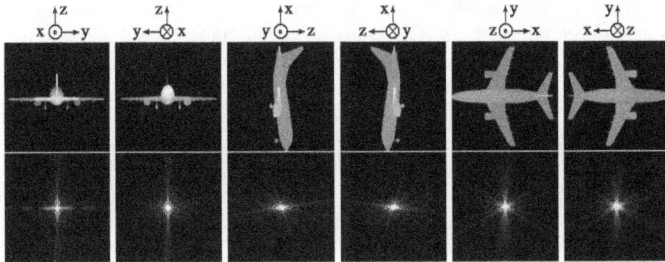

FIGURE 3.17 – Extraction du descripteur DBD basée sur les images de profondeur. La première ligne correspond aux six images obtenues par projection de l'objet sur les faces de la boîte englobante. La seconde ligne correspond à la transformée de Fourier rapide 2D de ces images

means [Pelleg & Moore 2000] pour extraire les représentants des classes. Le critère d'arrêt de la subdivision est basé sur un critère Bayèsien, Bayesian Information Criteria (BIC). Ce critère permet de caractériser la subdivision et de définir si une itération supplémentaire fournit une meilleure représentation de l'espace des vues.

3.5.5 Approches à base de coupes

Une représentation de l'objet 3D par un ensemble de coupe 2D appelés (slice) Figure.3.19 prises le long des directions du repère a été introduite par Pu et al. [Pu *et al.* 2004]. Deux repères intrinsèques à l'objet 3D ont été choisis pour garantie une meilleure représentation. Le premier défini par les directions principales et le deuxième par les directions d'orientations maximales, et choisissent parmi les deux celui qui minimise le volume de la boîte englobant. Les coupes sont indexées par un descripteur 2D. la mesure de similarité entre deux modèles, M^1 et M^2, est calculé selon la formule :

$$S(M^1, M^2) = \sum_{d=1}^{3} \sum_{i=1}^{k} \sum_{j=1}^{l} (s_{dij}^1 - s_{dij}^2)^2 \tag{3.44}$$

où d est le nombre de direction, k le nombre de coupes le long de chaque direction, l la taille de l'histogramme représentant chaque coupe, s_{dij}^1 et s_{dij}^2 les distributions de la coupe d'indice i et j l'indice de la composante de l'histogramme.

3.6   Conclusion

Dans ce chapitre, nous avons présenté les principales méthodes d'indexation d'objets 3D. Cet état de l'art nous a permis d'avoir une vision claire du domaine de recherche et

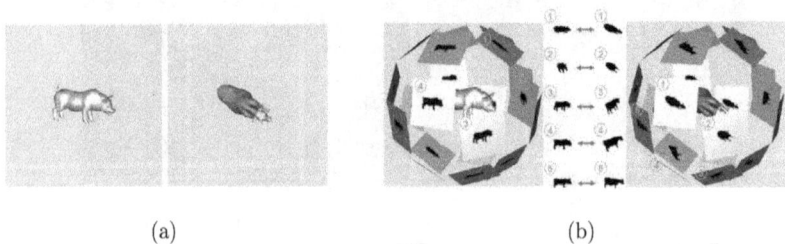

(a)   (b)

FIGURE 3.18 – Comparaisons des "*Lightfields*" associés à un cochon et à une vache (a), afin d'obtenir une invariance en rotation, les jeux de vues sont permutés et la meilleure mise en correspondance est choisie (b)[Napoléon 2010]

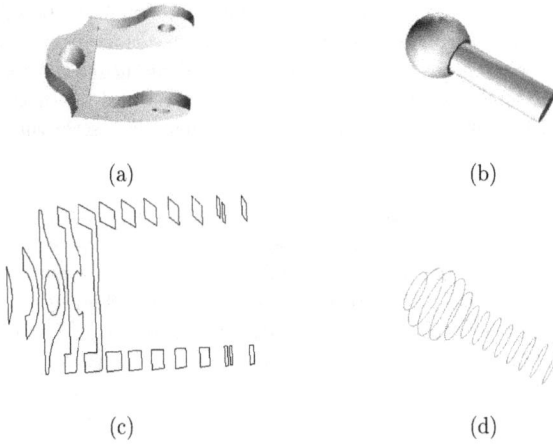

(a)   (b)

(c)   (d)

FIGURE 3.19 – Deux modèles 3D (a),(b) et leurs coupes respectives le long d'une direction (c),(d) [Pu *et al.* 2004]

des méthodes proposées et est à la base du travail que nous avons réalisé. Cette étude approfondie nous conduit à formuler quelques remarques sur les différentes approches 2D/3D et 3D en vue d'en extraire des pistes originales de recherche que nous souhaitons approfondir.

Un grand nombre de méthodes proposées sont dépendants du type d'objets à traiter et aux caractéristiques de l'application visée. Comme nous l'avons montré dans le paragraphe 3.5.2, les méthodes structurelles permettent de comparer les structures des objets et de classifier comme similaire des objets de formes différentes mais de structures proches. Ces méthodes ont été parmi les premières approches évaluées car elles sont intuitives et créent des graphes de description compréhensibles. Par contre, elles ne peuvent pas être appliquées sur des grandes bases d'objets généralistes. En effet, des problèmes existent lors de la phase de segmentation pour extraire les représentations. Ce problème est atténué par les méthodes extrayant la structure par des fonctions mathématiques, comme les axes médians ou les graphes de Reeb, mais n'est toujours pas applicable sur tous les objets, en particulier les objets surfaciques. D'autre part, ces méthodes ne permettent pas d'être exécutées sur des grandes bases d'objets (plusieurs milliers d'objets), car la mesure de similarité entre graphes " coûte " en temps de calcul.

Contrairement aux autre approches 3D, les approches par transformée, il est généralement difficile d'interpréter le lien entre la forme 3D et sa signature. Mais, comme la plupart des descripteurs sont déduits de la projection d'une représentation de l'objet 3D sur un ensemble de fonctions mathématiques, l'information extraire peut être vue comme une caractéristique de ces fonctions. Ces méthode ne gardent aucune information topologique et se limitent à une comparaison de vecteurs caractérisant des formes transformées dans un autre espace. Toutefois, elles ont un coût de calcul de descripteur et de mesure de similarité faibles.

Les méthodes à base de vues sont à mi-chemin entre les deux approches précédentes. Elles extraient l'information bas-niveau des images et comparent leurs ensembles de vues lors du calcul de la mesure de similarité, ce qui peut être fait en temps linéaire. Cette description est bas-niveau lors de l'extraction de l'information des images mais le nombre et la position des images fournissent une représentation de plus haut-niveau, ce qui permet de comprendre les similarités au niveau des images. Nous pouvons donc extraire plus d'information que les méthodes par transformées, en ne s'intéressant pas uniquement à la forme globale des objets et aux ressemblances des points de vues.

La plupart des descripteurs proposés, qu'ils sont soient 3D ou 2D/3D, ne sont pas invariants aux transformations géométriques, un prétraitement est nécessaire comme par exemple, l'alignement par l'analyse en composante principale.

Descripteurs proposés pour l'indexation de formes avec la paramétrisation euclidienne et affine

Nous proposons un nouveau descripteur invariant au groupe de transformations affines, pour l'indexation et la recherche dans les bases de formes. Il est basé sur des primitives extraites à partir du contour représentant la forme en utilisant les points d'inflexions de la courbe. Les résultats obtenus par l'application de notre méthode ainsi que sa comparaison avec d'autres descripteurs montre l'intérêt de notre descripteur.

4.1 Introduction

La recherche d'images par le contenu dans les grandes bases consiste à sélectionner les images pertinentes à une image donnée en se basant sur le contenu visuel des images.

Le but est de trouver des caractéristiques permetent d'indexer l'image, et de retrouver des images similaires lors d'une requête en fonction du contenu des images. Parmi celles qui peuvent représenter ce contenu on trouve la forme qui est le sujet de notre travail.

L'idée principale sur laquelle se basent les méthodes d'indexations est d'extraire des signatures à partir de la forme pour réaliser une recherche rapide est efficace sur ces descripteurs. Nous avons proposé un descripteur basé sur des primitives extraites du contour de la forme, en s'appuyant sur la courbure avec la paramétrisation par l'abscisse euclidienne normalisée, le descripteur est construit par trois vecteurs descripteurs qui sont invariants à la translation, à la rotation et au changement d'échelle. Pour rendre ce descripteur invariant au Groupe Affine on doit donc le rendre invariant à l'étirement, ce qui nous a incité à utilisé une paramétrisation par l'abscisse affine normalisée et de réduire le nombre de vecteurs descripteurs en deux vecteurs caractéristiques.

4.2 Transformation géométrique par le groupe des affinités du plan

Le problème que nous souhaitons résoudre est de trouver l'identité de l'objet présent dans la scène. Notre but, est également, de reconnaître des objets qui représentent un chevauchement entre les différentes formes. L'objet est représenté par son contour extérieur et décrit par une fonction paramétrique de $\mathbb{R}^2$.

4.2.1 Représentations paramétriques des courbes

Dans certaines applications, notamment en traitement des images, l'information représentant les objets se résume souvent dans leurs contours. En effet, les contours des objets occupent une place importante dans la perception et l'interprétation des images, par le système visuel humain. De façon mathématique, nous pouvons définir un contour comme une frontière entre deux régions de niveaux de gris différents et relativement homogènes.

Définition. 1 *On appelle courbe paramétrée dans le plan une application f suffisamment différentiable d'une partie D de $\mathbb{R}$ dans le plan , qui à tout réel p de D fait correspondre un point f(p) du plan .*
Cas particuliers :

- *Si $D = [a; b]$ on dit que la courbe paramétrée est un arc d'extrémités $f(a)$ et $f(b)$.*
- *Si $f(a) = f(b)$ on dit que la courbe paramétrée est un arc fermé.*

Un point dans le plan peut être repéré si l'on choisit une base de vecteur et une origine, les coordonnées $(x; y)$ du point $f(t)$ dans le plan muni du repère choisi sont fonctions numériques réelles de $p : x = x(p)$ et $y = y(p)$

La représentation paramétrique de la courbe $f(p)$ dans les coordonnées Cartésiennes est :

$$f(p) \;\; = \;\; \begin{cases} x(p) \in \mathbb{R} & p \in [0, T] \\ y(p) \in \mathbb{R} \end{cases} \qquad (4.1)$$

où T est la période de la courbe $f(p)$. Le contour n'admettant pas de points doubles, on

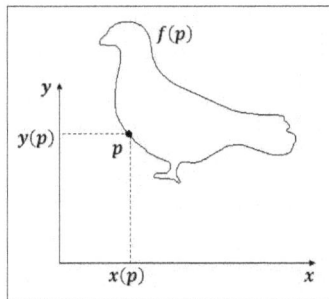

FIGURE 4.1 – Paramétrisation arbitraire

se limite, dans la suite de cette étude, aux objets de type contours simples.

4.2.2   Transformations linéaires ou affines du plan

Historiquement, la notion d'espace affine est issue du choc dû à la découverte de nouvelles géométries parfaitement cohérentes, mais différant de celle d'Euclide par l'axiome des parallèles. Elles remettaient en cause les notions de longueur et d'angle, qui reposaient elles-mêmes sur celle de distance, et poussèrent à redéfinir l'espace euclidien, en excluant ces notions et tout ce qui s'y rapportait. Le résultat fut une géométrie affine, où l'espace apparaît comme une structure algébrique, voisine de celle d'espace vectoriel qui en fut dégagée par la suite (donnant ainsi naissance à l'algèbre linéaire).

4.2.2.1   Définition et propriétés d'une transformation affine

Dans le cas de $\mathbb{R}^2$, la transformation affine est représentée par une matrice inversible de dimension 2, que nous désignerons désormais par A_{aff} et d'un vecteur de translation $\mathbf{T}$.

Si le déterminant de la matrice A_{aff} est unitaire (on note $Det(A_{aff}) = 1$) nous parlerons alors de transformations appartenant au groupe Spécial Affine du plan $SA(2)$ (celles ci ne changent pas la surface de l'objet transformé), sinon nous parlerons de transformations appartenant au groupe Général Affine $GA(2)$.

Définition. 2 *Une transformation affine* $\mathcal{T} \in GA(2)$, *agissant sur un contour de* $\mathbb{R}^2$ *$f(p) = (x(p), y(p))$, $p \in [0, T]$, est une application de $\mathbb{R}^2$ vers $\mathbb{R}^2$ définie par*

$$(f(p)) \overset{\mathcal{T}}{\longmapsto} \mathcal{T}(f(p)) = A_{aff}.f(p) + T \tag{4.2}$$

où encore

$$\mathcal{T}\begin{pmatrix} x(p) \\ y(p) \end{pmatrix} = \begin{pmatrix} a & b \\ c & d \end{pmatrix}\begin{pmatrix} x(p) \\ y(p) \end{pmatrix} + \begin{pmatrix} e \\ f \end{pmatrix} \tag{4.3}$$

avec :
A_{aff} [1] : une matrice inversible, de taille 2×2 associée à l'affinité
T [2]   : un vecteur de translation dans $\mathbb{R}^2$

Propriété. 1 *On considère une transformation affine 4.2 inversible $(Det(A_{aff}) \neq 1)$, on a les propriétés suivants :*

1. *Une droite est transformée en une droite.*

2. *Une droite passant par $(0,0)$ est transformée en une droite passant par (e, f).*

3. *Des droites parallèles sont transformées en droites parallèles.*

4. *Un segment est transformé en un segment.*

5. *Un carré est transformé en un parallélogramme.*

4.2.2.2 Décomposition de la matrice associée A_{aff}

Les transformations du groupe GA(2)

Les transformations de $\mathbb{R}^2$ du Groupe Affine, que l'on note, $GA(2)$ constituent le cas général des transformations linéaires du plan. Elles sont représentées par une matrice 2×2 inversible (possédant le déterminant non unitaire) et un vecteur de translation. Dans ce cas, la décomposition de la matrice associée à l'affinité en matrices composées est la suivante :

$$A_{aff} = R_\theta \cdot E_{a,b} \cdot H \tag{4.4}$$

---

1. $A_{aff} = \begin{pmatrix} a & b \\ c & d \end{pmatrix}$

2. $T = \begin{pmatrix} e \\ f \end{pmatrix}$

- Matrice de rotation $R_\theta \in \mathbb{R}^2 \times \mathbb{R}^2$ où $\theta \in [0, 2\pi[$

$$R_\theta = \begin{pmatrix} \cos\theta & \sin\theta \\ -\sin\theta & \cos\theta \end{pmatrix} \tag{4.5}$$

- Matrice d'étirement $E_{a,b} \in \mathbb{R}^2 \times \mathbb{R}^2$ où $a \in \mathbb{R}_+^*$ et $b \in \mathbb{R}$

$$E_{a,b} = \begin{pmatrix} a & b \\ 0 & \frac{1}{a} \end{pmatrix} \tag{4.6}$$

- Matrice d'homothétie (l'espace d'echelle) $H \in \mathbb{R}^2 \times \mathbb{R}^2$ où $(S_x, S_y) \in \mathbb{R}_+^* \times \mathbb{R}_+^*$

$$H = \begin{pmatrix} S_x & 0 \\ 0 & S_y \end{pmatrix} \tag{4.7}$$

S_x : le facteur d'échelle suivant l'axe (ox)
S_y : le facteur d'échelle suivant l'axe (oy)

- Si la matrice associée est composée d'une matrice de rotation et d'une matrice d'homothétie, la transformation $\mathcal{T}$ appartient au *groupe des similitudes planes* (rotations, translations et homothéties).

- Si la matrice associée est une matrice de rotation, alors $\mathcal{T}$ appartient au *groupe de transformations euclidiennes* du plan. Les transformations euclidiennes préservent la longueur et l'angle entre les points de la forme.

Les transformations du groupe SA(2)

Définition. 3 *Quand le déterminant de la matrice associée est unitaire* $(Det(A_{aff}) = 1$, *en remplaçant la matrice H par la matrice unite I_2 [3]) on parle alors du groupe Spécial Affine $SA(2)$.*

Pour cette transformation tout triangle reste un triangle, alors l'aire de la forme reste inchangée.

4.3   Quelques notions de la géométrie différentielle

4.3.1   Paramétrisation Euclidienne

4.3.1.1   Abscisse curviligne

On se place dans le plan. Etant donnée une courbe paramétrique 4.1 $f(p)$, $p \in [0, T]$

---

3. la matrice unité dans $\mathbb{R}^2 \times \mathbb{R}^2$ $I_2 = \begin{pmatrix} 1 & 0 \\ 0 & 1 \end{pmatrix}$

Définition. 4 *Soit $f(p)$ $p \in [0, T]$ description paramétrique d'un contour dans $\mathbb{R}^2$; $f(p_1)$ et $f(p_2)$: deux points consécutifs du contour.*
L'abscisse curviligne entre $p_1 = 0$ et $p_2 = p$ peut être calculée, à partir de la paramétrisation initiale p, par l'expression suivante :

$$s(p) = \int_0^p \| f'(t) \| \, dt = \int_0^p \sqrt{\dot{x}^2(t) + \dot{y}^2(t)} \, dt \qquad (4.8)$$

où $\dot{x}$ et $\dot{y}$ signifient la dérivée première de x, y respectivement, par rapport au paramètre t. La longueur totale de la courbe est $L = s(T) = \int_0^T \| f'(t) \| \, dt$. Dés lors, afin d'obtenir l'invariance par rapport au facteur d'echelle, on détermine l'abscisse curviligne normalisée [Mokhtarian & Mackworth 1992]comme

$$s_n(p) = \frac{1}{L} s(p) \qquad (4.9)$$

Proposition. 1 *De chaque objet, ayant une paramétrisation initiale, on peut extraire une paramétrisation normalisée par l'abscisse curviligne. Soit $f(p)$ une paramétrisation de la forme, $p \in [0, T]$. La quantité $\gamma(s_n)$ définie par l'équation 4.10 est la représentation de $f(p)$, reparamétrisée par l'abscisse curviligne normalisée.*

$$\gamma(s_n) = f(s_n^{-1}(p)) \qquad s_n \in [0, 1] \qquad (4.10)$$

L'abscisse curviligne joue donc pour une courbe le même rôle que la mesure algébrique (ou abscisse) pour une droite munie d'une origine et d'un sens (droite orientée ou axe).

4.3.1.2 Courbure euclidienne dans le repère de Frenet

Le repère de Frénet au point $\gamma(s)$ est donné par les vecteurs normés $\vec{T}$ tangent à la courbe en $\gamma(s)$ et $\vec{N}$ directement orthogonal à $\vec{T}$ et orienté vers le centre du cercle de rayon R localement tangent à la trajectoire (cercle osculateur), le repère de Frenet est noté par le couple $(\vec{T}, \vec{N})$ Figure 4.2.

Définition. 5 *On appelle courbure euclidienne κ une quantité définie par la relation suivante :*

$$\kappa(s) = Det(\gamma_s, \gamma_{ss}) \qquad (4.11)$$

Le rayon de courbure R, et la courbure euclidienne κ en un point sont donnés par

$$\frac{d\vec{T}}{ds} = \kappa \vec{N} = \frac{1}{R} \vec{N} \qquad (4.12)$$

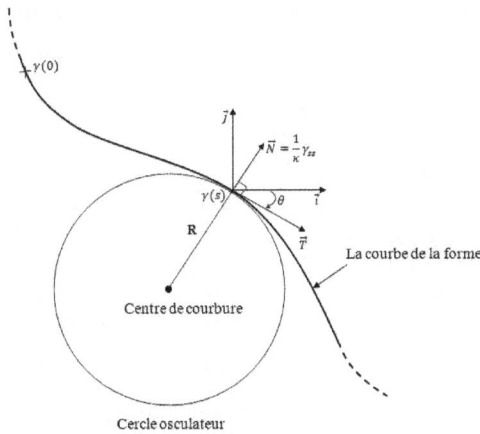

FIGURE 4.2 – Repère de Frenet au point $\gamma(s)$

C'est la première formule de Frenet.

On considère la fonction angulaire associée θ Figure. 4.2 qui est l'angle entre $\overrightarrow{Ox}$ et $\overrightarrow{T}$, $\theta = (\overrightarrow{\imath}, \overrightarrow{T})$, la courbure euclidienne en un point $\gamma(s)$, est la variation de l'angle θ par rapport à l'abscisse curviligne s :

$$\kappa = \frac{d\theta}{ds} \tag{4.13}$$

Ecrivons les relations liant le repère avec la courbe :

$$\gamma_s = \overrightarrow{T} \tag{4.14}$$

$$\gamma_{ss} = \kappa\overrightarrow{N} \tag{4.15}$$

En coordonnées cartésiennes, si p une paramétrisation arbitraire, la courbure en un point $f(p)$, est de la forme suivante

$$\kappa(p) = \frac{\dot{x}(p)\ddot{y}(p) - \ddot{x}(p)\dot{y}(p)}{(\dot{x}^2(p) + \dot{y}^2(p))^{\frac{3}{2}}} \tag{4.16}$$

Si l'abscisse curviligne est utilisée comme paramétrisation, on trouve :

$$\dot{x}^2(s) + \dot{y}^2(s) = 1 \tag{4.17}$$

on obtiendra alors :

$$\kappa(s) = \dot{x}(s)\ddot{y}(s) - \ddot{x}(s)\dot{y}(s) \tag{4.18}$$

4.3.2   Paramétrisation affine

4.3.2.1   Abscisse affine

Dans la géométrie affine, on constate que la longueur de la droite est nulle (car sur
l'action de $SA(2)$ la droite peut être transformée en un point), de ce fait on ne peut plus
utiliser l'abscisse curviligne comme paramètre invariant.

Déterminons un autre type d'abscisse : invariant à une transformation affine. Cette
abscisse peut être calculée à partir de la surface du triangle $S(t)$, $t \in [0,1]$ entre les deux
vecteurs non parallèles, $\overrightarrow{u}$ et $\overrightarrow{v}$, tangents à une parabole et le point P d'intersection de
ses vecteurs, comme indique la Figure 4.3.

Soit $f(p)$, $p \in [0,T]$ une courbe paramétrique du $\mathbb{R}^2$, représentant le contour d'une forme ;

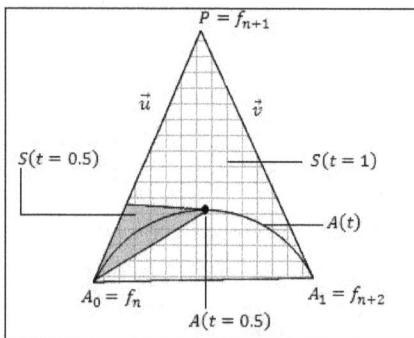

FIGURE 4.3 – Interprétation géométrique de la paramétrisation affine

notons f_n, f_{n+1} et f_{n+2} : trois points consécutifs de cette courbe, que l'on va approcher
localement par une parabole $A(t) = A_0 + tA_0 + t^2 A_0$, $t \in [0,1]$ comme sur la Figure 4.3.
Cette approximation est effectuée de telle sorte que :

- Les extrémités de la parabole, A_0 et A_1, aux points $t = 0$ et $t = 1$, passent par f_n
  et par f_{n+2},
- Ses dérivées premières, A'_0 et A'_1, soient parallèles, respectivement, aux vecteurs
  $\overrightarrow{u} = f_{n+1} - f_n \approx \frac{df}{dp}|_{p=n}$ et $\overrightarrow{v} = f_{n+2} - f_{n+1} \approx \frac{df}{dp}|_{p=n+1}$,
- Le point P d'intersection des droites dirigés par $\overrightarrow{u}$ et $\overrightarrow{v}$ coïncide avec f_{n+1}.

Les conditions initiales, exprimées de façon mathématique sont les suivantes :
$A(t = 0) = A_0 = f_n$, $P = f_{n+1}$, $A(t = 1) = A_1 = f_{n+2}, A'(t = 0) = A'_0 = k_1 \overrightarrow{u}$ et
$A'(t = 1) = A'_1 = k_2 \overrightarrow{v}$, $k_1, k_2 \in \mathbb{R}$.
L'application de ces conditions à la formule de la parabole $A(t)$, donne $k_1 = k_2 = 2$ et

alors :

$$A(t) = \begin{pmatrix} 1 & t & t^2 \end{pmatrix} \begin{pmatrix} 1 & 0 & 0 \\ -2 & 2 & 0 \\ 1 & -2 & 1 \end{pmatrix} \begin{pmatrix} f_n \\ f_{n+1} \\ f_{n+2} \end{pmatrix} \qquad (4.19)$$

La surface $S(t)$ s'exprime par l'equation $S(t) = \frac{t^3}{8}\|Det(A'_0, A'_1)\|, t \in [0, 1]$ où $\|Det(A'_0, A'_1)\|$ signifie le determinant entre les vecteurs A'_0, A'_1 [Faugeras 1994].

D'après l'équation 4.19, les expressions des dérivées A'_0 et A'_0, en fonction des points discrets de la courbe $f(p)$ sont : $A'_0 = 2(f_{n+1} - f_n)$ et $A_0 = 2(f_{n+2} - 2f_{n+1} + f_n)$.

La surface devient

$$S(t) = \frac{t^3}{2}\|Det(f_{n+1} - f_n, f_{n+2} - 2f_{n+1} + f_n)\| \qquad (4.20)$$

Pour simplifier, on pose $\tau(t) = \sqrt[3]{2S(t)}$, on trouve la mesure différentielle affine de la parabole, définie à partir de l'abscisse affine approchant les trois points discrets f_n, f_{n+1} et f_{n+2} :

$$\frac{d\tau(t)}{dt} = \sqrt[3]{\|Det(f_{n+1} - f_n, f_{n+2} - 2f_{n+1} + f_n)\|} \qquad (4.21)$$

$$= \sqrt[3]{\|Det(f_{n+1} - f_n, f_{n+2} - f_n)\|} \qquad (4.22)$$

Passons maintenant à la description de l'abscisse affine de la courbe $f(p)$.
Remarquons que les vecteurs $f_{n+1} - f_n$ et $f_{n+2} - 2f_n + 1 + f_n$, expriment les approximations des dérivées première et seconde de la courbe $f(p)$:

$$f_{n+1} - f_n \approx \frac{df}{dp}|_{p=n} \qquad f_{n+2} - 2f_{n+1} + f_n \approx \frac{d^2f}{dp}|_{p=n}$$

Dans l'équation 4.21 , si nous remplaçons les dérivées discrètes de la courbe $f(p)$, par ses dérivées continues, nous obtenons alors l'expression de la mesure affine de la courbe paramétrique $f(p)$:

$$\frac{d\tau}{dp} = \sqrt[3]{\|Det(f', f'')\|} \qquad (4.23)$$

où f' et f'' signifient respectivement les dérivées première et seconde, par rapport au paramètre initial p. En fin, l'abscisse affine et la mesure affine de l'arc, elle peut être calculée, à partir de la paramétrisation initiale p, par l'expression suivante :

$$\tau(p) = \int_0^p \sqrt[3]{\|Det(f', f'')\|}dp = \int_0^p \| \dot{x}(t)\ddot{y}(t) - \ddot{x}(t)\dot{y}(t) \|^{\frac{1}{3}} dt \qquad (4.24)$$

La *longueur affine* totale de la courbe est $L_a = \tau(T)$

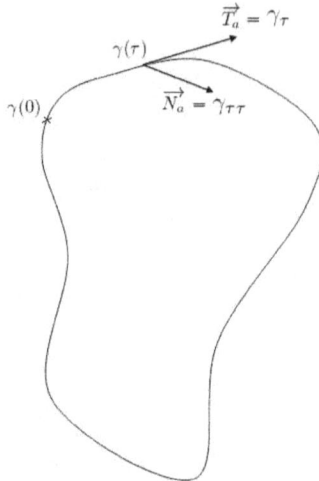

FIGURE 4.4 – Le repère affine pour une courbe plane $\gamma(\tau)$, avec τ : l'abscisse affine

4.3.2.2 Courbure affine

Soit $\gamma(\tau)$, $\tau \in [0, L_a]$ une courbe paramétrique du $\mathbb{R}^2$, avec τ : l'abscisse affine. Pour trouver la courbure affine $\kappa_a(\tau)$, utilisons l'équivalent du repère de Frenet pour le cas affine : $(\overrightarrow{T}_a, \overrightarrow{N}_a)$. Dans ce repère, appelé "repère affine d'une courbe", chaque point de la courbe $\gamma(\tau)$ est décrit par $\kappa_a(\tau)$ Figure 4.4. Le repère affine est composé de deux vecteurs de $\mathbb{R}^2$: la tangente affine $\overrightarrow{T}_a$ et la normale affine $\overrightarrow{N}_a$ au point $\gamma(\tau)$. Ecrivons les relations liant le repere affine avec la courbe :

$$\gamma_\tau = \overrightarrow{T}_a \tag{4.25}$$

$$\gamma_{\tau\tau} = \overrightarrow{N}_a \tag{4.26}$$

Puisque que $Det(\gamma_\tau, \gamma_{\tau\tau}) = 1$ (car "τ" est une abscisse affine), il est facile de calculer la courbure $\kappa_a(\tau)$.

Définition. 6 *On appelle courbure affine κ_a une quantité définie par la relation suivante :*

$$\kappa_a = Det(\gamma_{\tau\tau}, \gamma_{\tau\tau\tau}) \tag{4.27}$$

Les termes signifient respectivement la dérivée deuxième et troisième de la fonction γ par rapport au variable τ. En coordonnées cartésiennes cette équation devient

$$\kappa_a = x^{''}(\tau)y^{'''}(\tau) - x^{'''}(\tau)y^{''}(\tau) \tag{4.28}$$

Dans le plan $(\tau, \kappa_a(\tau))$ la courbe est représentée de façon invariante par rapport au groupe $SA(2)$. L'expression de la courbure affine en fonction d'une paramètre arbitraire (Annexe. A.1) se réécrit de la forme suivante :

$$\kappa_a = \frac{(\dot{x}\ddot{y} - \ddot{x}\dot{y})(12\tilde{x}\ddot{y} - 12\ddot{x}\tilde{y} + 3\dot{x}\hat{y} - 3\hat{x}\dot{y}) - 5(\dot{x}\tilde{y} - \tilde{x}\dot{y})^2}{9(\dot{x}\ddot{y} - \ddot{x}\dot{y})^{\frac{8}{3}}} \tag{4.29}$$

où $\dot{x}$, $\ddot{x}$, $\tilde{x}$ et $\hat{x}$ signifient la dérivée première, deuxième, troisième et quatrième respectivement par rapport à la variable u. Et de même pour y.

4.4 Dscripteurs proposés

La reconnaissance d'une forme est basée sur sa description. Cette dernière, peut ainsi être vue comme une modélisation mathématique de l'objet permettant un calcul de distance entre deux ou plusieurs modèles.

Il existe un très grand nombre de descriptions possibles pour une forme suivant l'information à modéliser [Trier *et al.* 1996] et les invariances à exprimer. LONCARIC [Loncaric 1998] distingue trois classifications possibles pour les descripteurs de forme. La première, la plus courante, vient de PAVLIDIS [Pavlidis 1978] qui considère d'une part les descripteurs basés sur la frontière (descripteurs externes) et d'autre part ceux basés sur la forme elle-même (descripteurs globaux ou internes).

L'information qui représente la forme se résume souvent dans son contour. En effet, les contours des objets occupent une place importante dans la perception et l'interprétation des images par le système visuel humain. Il conserve une grande partie du contenu sémantique de l'image. De plus, le temps de calcul des algorithmes de mise en correspondance exploitant des points de contour est réduit, à cause du nombre réduit de points de contour contenus dans l'image.

On peut extraire beaucoup de primitives à partir d'un contour, qui peuvent décrire la forme d'une manière efficace et unique, ce qui fournit une signature pour la caractériser. Parmi ces primitives on trouve, la courbure calculée à chaque point du contour, le barycentre des points qui la construisent, les positions des points d'inflexion par rapport à un point donnée (par exemple par rapport au centre de gravité de la courbe) ainsi que leur dispersement, la convexité et concavité et beaucoup d'autre propriété de la courbe donnent une idée sur l'aspect globale du frome. Deux descripteurs de forme ont été proposé dans ce chapitre, le premier descripteur [Lakehal & El-Beqqali 2010a] utilisant une paramétrisation par l'abscisse euclidien normalisé, qui est invariant à la translation, la rotation et à l'homothétie. Une version utilisant l'abscisse affine normalisé [Lakehal & El-Beqqali 2010b] a été proposée pour le rendre invariant à l'étirement ce qui lui rendre invariant au groupe de transformations affine.

4.4.1 Descripteur proposé avec la paramétrisation euclidienne

4.4.1.1 Extraction de vecteurs caractéristiques

Etant donnée une forme 4.1 représentée par son contour externe Eq. 4.1 $f(p)$, $p \in [0, T]$. L'étape de segmentation d'objets au sien de l'image produit des contours bruités. Alors, une étape de prétraitement de contour est nécessaire avant l'extraction de primitives, pour ne pas affecté les vecteurs descripteurs. Le contoure est représenté par $\Gamma_0 = \langle x(u), y(u), u \in [0, T] \rangle$, où u est une paramétrisation initiale, et T son longueur. L'élimination du bruit revient à appliquer un lissage de la courbe, cela traduit par la convolution de l'équation paramétrique qui la représente Eq. 4.1 par un noyau gaussien g définie par :

$$g(u, \sigma) = \frac{1}{\sigma\sqrt{2\pi}} e^{\frac{-u^2}{2\sigma^2}} \quad \sigma \geq 0 \tag{4.30}$$

où σ est le facteur de lissage, lorsqu'on l'augmente le contour devient très lisse.

La courbe paramétrique subi du lissage gaussien, peut se représente de la manière suivant :

$$\Gamma_\sigma = (X(u, \sigma), Y(u, \sigma)), \quad u \in [0, T] \tag{4.31}$$

où

$$X(u, \sigma) = x(u) * g(u, \sigma) \quad et \quad Y(u, \sigma) = y(u) * g(u, \sigma) \tag{4.32}$$

On peut maintenant définir la courbure pour le contour lissé en utilisant l'équation 4.16 comme suit :

$$\kappa(u, \sigma) = \frac{\dot{X}(u, \sigma)\ddot{Y}(u, \sigma) - \ddot{X}(u, \sigma)\dot{Y}(u, \sigma)}{(\dot{X}^2(u, \sigma) + \dot{Y}^2(u, \sigma))^{\frac{3}{2}}} \tag{4.33}$$

avec

$$\dot{X}(u, \sigma) = x(u) * \dot{g}(u, \sigma) \quad et \quad \ddot{X}(u, \sigma) = x(u) * \ddot{g}(u, \sigma)$$

et de même pour $\dot{Y}$ et $\ddot{Y}$.

La paramétrisation par l'abscisse curviligne Eq. 4.8 nous permet de réécrire la formule de la courbure de la manière suivante :

$$\kappa(s, \sigma) = \dot{X}(s, \sigma)\ddot{Y}(s, \sigma) - \ddot{X}(s, \sigma)\dot{Y}(s, \sigma) \tag{4.34}$$

Plusieurs descripteurs ont été proposés qui utilisent les points d'inflexions pour construire un ensemble de signatures caractérisant la forme. Le descripteur que nous avons proposé basé essentiellement sur les points d'inflexions où les points de courbure nul.

Etant donné une forme définie par son contour Eq. 4.31, la suppression de bruit est une étape préliminaire ce qui nécessite un lissage de la courbe paramétrique initial. On cherche d'abord tous les points d'inflexions de la courbe Figure 4.5 (a) et on les numérote d'une manière successive pour construire une suite de points regroupés dans l'ensemble notée Λ défini par :

$$\Lambda = \{P_i, i \in \mathcal{I} = \{0, 1 \ldots, p-1\}, courbure(P_i) = 0\} \tag{4.35}$$

où p est le nombre de points d'inflexions du contour.

Notons par **G** l'isobarycentre de la courbe (cas discret), comme elle montre la figure.4.5 (b), à partir de l'ensemble Λ on extrait trois ensembles notées $\mathcal{A}$, $\mathcal{C}$ et $\mathcal{D}$. Soient P_i et

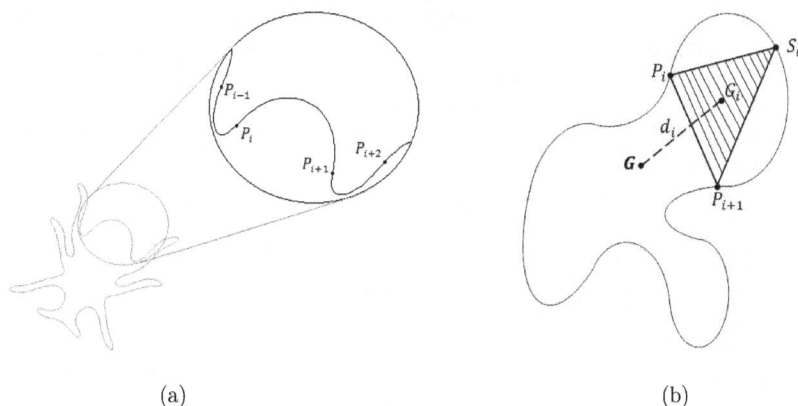

(a)   (b)

FIGURE 4.5 – Extraction de caractéristiques du contour, (a) : localisation de points d'inflexions, (b) : extraction des primitives construisent les vecteurs descripteurs

P_{i+1} deux points successives de l'ensemble Λ, l'ensemble $\mathcal{A}$ est défini comme suit :

$$\mathcal{A} = \{a_i, a_i = Aire(P_i S_i P_{i+1})\}$$

où $Aire(P_i S_i P_{i+1})$ représente l'aire du triangle $P_i S_i P_{i+1}$ Figure. 4.5 (b) est déterminé par la relation :

$$S_i = \underset{M_i \in \widehat{P_i P_{i+1}}}{\arg\max} \, Aire(P_i M_i P_{i+1})$$

avec $\widehat{P_i P_{i+1}}$ l'arc du contour construit par ses points situés entre les deux points d'inflexions successives P_i et P_{i+1}.

L'ensemble $\mathcal{C}$ contient la courbure moyenne entre P_i et P_{i+1}, sa caractérisation est donnée par :

$$\mathcal{C} = \left\{ c_i, c_i = \frac{\left| \sum_{M \in \widehat{P_i P_{i+1}}} courbure(M) \right|}{N_i} \right\}$$

où $courbure(M)$ est la courbure euclidien au point M et N_i le nombre de points de l'arc $\widehat{P_i P_{i+1}}$.

En calculant le centre gravité G_i de chaque triangle $P_i S_i P_{i+1}$, puis on construit l'ensemble $\mathcal{D}$ par les distances $d_i = GG_i$, Figure.4.5(b) de la manière suivante :

$$\mathcal{D} = \{d_i,\, d_i = GG_i\}$$

L'ensemble $\mathcal{A}$ et $\mathcal{C}$ ont pour but, la caractérisation partielle de la courbe, pour chaque deux points d'inflexions successives ces deux primitives reflètent l'inclinaison de cette partie de la courbe ainsi que son aire. La distribution de ces parties sont contrôlés par l'ensemble $\mathcal{D}$, c'est la position de chaque triangle par rapport à l'isobarycentre de la courbe représentant la forme. L'algorithme 1 montre l'extraction de ces ensembles pour une forme donnée.

- **Données** T : forme donnée. σ_0 : seuil du lissage.
- **Résultats** $\mathcal{A}^T$, $\mathcal{D}^T$ et $\mathcal{C}^T$:les ensembles associes à T. p : cardinal d'ensembles.
Soit G : l'isobarycentre du contour
Soit Γ_{σ_0} : le contour lissé de la forme
Soit Λ : l'ensemble de points d'inflexions
$\Lambda \leftarrow \varnothing$; $i \leftarrow 0$; $p \leftarrow 0$
Pour tous points M de contour **faire**

    Si (courbure(M)=0) **Alors**

        $P_i \leftarrow M$; $i \leftarrow i+1$

        Ajouter P_i à Λ

        $p \leftarrow p+1$

    Fin Si
Fin Pour
Pour i allant de 1 à p **faire**

    Soit N_i : nombre de points de l'arc $\widehat{P_i P_{i+1}}$

    Soit S_i : point l'arc l'arc $\widehat{P_i P_{i+1}}$ tel que l'aire de $P_i S_i P_{i+1}$ soit maximale

    Soit G_i : le centre de gravité du triangle $P_i S_i P_{i+1}$

    $a_i \leftarrow Aire(P_i S_i P_{i+1})$

    $c_i \leftarrow \dfrac{|\sum_{M \in \widehat{P_i P_{i+1}}} courbure(M)|}{N_i}$

    $d_i \leftarrow GG_i$

    Ajouter a_i à $\mathcal{A}^T$;   Ajouter c_i à $\mathcal{C}^T$;   Ajouter d_i à $\mathcal{D}^T$
Fin Pour

Algorithme 1: Extraction d'ensembles $\mathcal{A}^T$, $\mathcal{D}^T$ et $\mathcal{C}^T$ pour la forme T

Dans la Figure. 4.6 on effectue un lissage gaussien pour la courbe initiale Figure. 4.6-(a), la couleur bleu correspond à la partie concave et la couleur rouge correspond à celle convexe. Pour la courbe initiale, les points d'inflexions sont très proches l'un de l'autre et ceci à cause, soit de la nature de la forme soit du bruit causé par l'acquisition ou la numérisation de l'image. Ainsi, il y a des parties qui semblent de même concavité ou convexité par la vision humaine, mais les calculs divisent ces parties en deux parties ou plus de concavité défirente. La concavité ou la convexité de l'arc n'a pas d'importance, pour cela nous avons pris la moyenne de courbure en valeur absolu pour construire l'ensemble $\mathcal{C}$. Les vecteurs caractéristiques extraits de la courbe initiale portent des informations floues pour caractériser et représenter la forme d'une manière efficace. Pour répondre à ces problèmes, nous avons choisi le contour lissé pour extraire les vecteurs descripteurs.

Le paramètre σ Eq. 4.30 contrôle l'aplatissement de la gaussienne, il permet donc de contrôler la puissance du filtre. Une forte valeur de σ induit un fort lissage. Deux contraints que nous devions les satisfaire durant le processus du lissage, d'une part on ne doit pas lisser la courbe d'une manière sévère (σ doit être petit) pour ne pas perdre l'information sur la forme traitée et d'autre part on doit lisser la forme le plus possible (augmenter σ) pour diminuer l'effet de bruit et faire disparaître l'information non significative.

Etant donné une forme T, trois vecteur descripteur V^{TS}, V^{TC} et V^{TD} ont été extrait

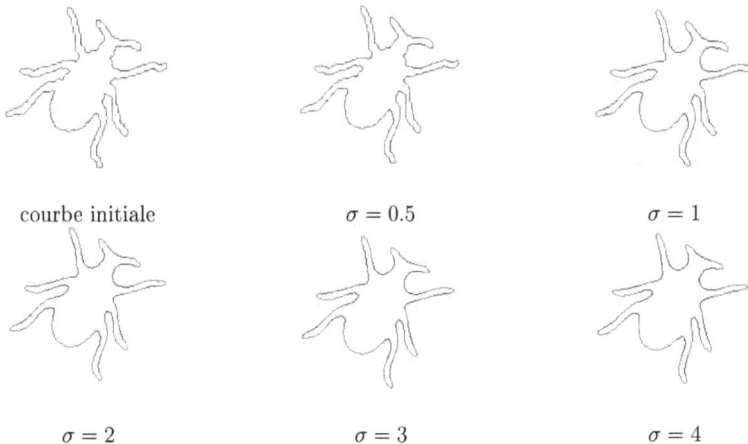

courbe initiale $\sigma = 0.5$ $\sigma = 1$

$\sigma = 2$ $\sigma = 3$ $\sigma = 4$

FIGURE 4.6 – La courbe initiale et leurs versions lissées suivant certains valeurs de σ

à partir d'ensembles $\mathcal{A}$, $\mathcal{C}$ et $\mathcal{D}$ respectivement. Ces derniers ayant le même cardinal N_0 (nombre d'éléments) et leurs éléments sont ordonnés de la même manière. Le premier vecteur extrait, est le ***Vecteur Surface*** V^{TS}, les triangles ayant l'aire maximale sont les candidats choisis pour construire ses composants, tout d'abord, on doit ordonner les éléments de l'ensemble $\mathcal{A}$ dans l'ordre décroissant, puis on prend les N premiers éléments pour construire le vecteur V^{TS} défini comme suite :

$$V^{ST} = (V_1^{ST}, \ldots, V_i^{ST}, \ldots, V_N^{ST})$$

où N est la taille de descripteurs qu'on discutera après, et V_i^{ST} représente l'aire du i^{eme} triangle dans l'ensemble $\mathcal{A}$.

Les deux ensembles $\mathcal{D}$ et $\mathcal{C}$ sont ordonnés suivant l'ordre d'éléments de l'ensemble $\mathcal{A}$, afin que chaque triangle choisi dans le vecteur V^{TS} on lui associe les deux autre paramètres d'ensembles $\mathcal{D}$ et $\mathcal{C}$ qui correspond. Alors, à partir d'ensembles $\mathcal{D}$ et $\mathcal{C}$ on extrait les deux vecteurs descripteurs, ***Vecteur Distance*** V^{TD} et ***Vecteur Courbure*** V^{TC} respectivement définis par :

$$V^{TD} = (V_1^{TD}, \ldots, V_i^{TD}, \ldots, V_N^{TD}) \quad avec \quad V_i^{TD} = d_i \qquad (4.36)$$
$$V^{TC} = (V_1^{TC}, \ldots, V_i^{TC}, \ldots, V_N^{TC}) \quad avec \quad V_i^{TC} = c_i \qquad (4.37)$$

L'algorithme utilisé pour calculer les vecteurs descripteurs d'une forme est le suivant :

- **Données** T : forme donnée. $\mathcal{A}^T$, $\mathcal{D}^T$ et $\mathcal{C}^T$:les ensembles associes à T. N : taille de vecteurs descripteurs.
- **Résultats** V^{TS} : vecteur surface, V^{TD} : vecteur distance, V^{TC} : vecteur courbure.
$\mathfrak{S} \leftarrow \mathcal{A}^T$;
Pour k allant de 1 à N **faire**

$$j \leftarrow \arg\max_i \mathfrak{S}$$

$V_k^{TS} \leftarrow a_j$;
$V_k^{TC} \leftarrow c_j$;
$V_k^{TD} \leftarrow d_j$;
$\mathfrak{S} \leftarrow \mathfrak{S} \setminus \{a_j\}$;
Fin Pour

Algorithme 2: Calcul de vecteurs descripteurs d'une forme

Le choix de la taille de vecteurs descripteurs **N** doit satisfaire trois contraintes. Premiè-rement, la représentation de la forme par le descripteur devrait être significative, d'autre manière, ce dernier doit être capable de nous retourner la forme qui la représente, ce qui conduit à une augmentation suffisamment grande de la taille **N**, deuxièmement, le temps de réponse de système pour une requête fournie par l'utilisateur doit être raisonnable, ce qui nécessite à la minimiser le maximum, autrement dit, on doit diminué la taille de descripteur le maximum. Finalement, on doit tenir en compte la base des formes en ques-tion et la nature des formes qu'elles constitue. Certaines formes possèdent des dizaines de points d'inflexion Figure.4.7(c), et d'autres ne possèdent même pas 10 points d'inflexion $p \leq 10$) Figure. 4.7.(a) et (b), par conséquence, le choix de la taille N doit prendre en considérantion toutes les formes de la base en question.

Comme nous avons remarqué, la taille de descripteur doit être suffisamment petite, mais encore elle ne doit pas être inferieure à un certain seuil (N>10), ce choix crée un autre problème. Pour n'importe qu'elle base de formes, après le lissage de contours, il y a des formes ayant un nombre relativement grand de points d'inflexions Figure.4.7(c), mais d'autres formes ont le cardinale de l'ensemble $\mathcal{A}$ n'atteint pas la taille de descripteur, comme il montre la Figure.4.7(a) et (b). Pour palier à ce problème, on complet les vecteurs descripteurs qui n'ont pas la taille N par les zéros. Ce processus n'affectera pas la mesure de similarité entre les formes, car tous les composants des vecteurs descripteurs sont positifs.

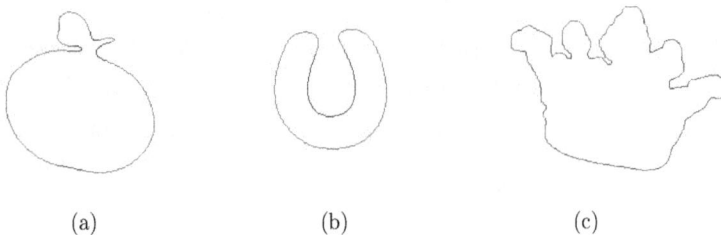

(a)   (b)   (c)

FIGURE 4.7 – L'effet du lissage sur les courbes : les parties bleues de la courbe corres-pondent aux points de courbure négative (concaves) et les rouges pour ceux de courbure positive (convexes)

4.4.1.2 Mesure de similarité

Dans tous les domaines de l'informatique dans lesquels on désire analyser de manière automatique un ensemble de données (au sens le plus large) il est nécessaire de disposer d'un opérateur capable d'évaluer précisément les ressemblances ou les dissemblances qui existent au sein de ces données. Sur la base de données, il devient alors possible d'ordonner les éléments de l'ensemble, de les hiérarchiser ou encore d'en extraire des invariants. Pour qualifier cet opérateur nous utiliserons dans ce qui suit le terme de fonction de similarité ou plus simplement celui de similarité.

L'étape qui suit l'extraction de vecteurs caractéristiques, est la mesure de similarité qui donne le degré de ressemblance entre deux formes. Le choix pertinent de la distance donne une solution convaincante au problème de comparaison des descripteurs de forme cible et requête. A chaque forme il y a trois vecteurs descripteurs associes, la mesure de similarité entre deux formes consiste à calculer la distance entre leurs vecteurs respectivement. On doit donc construire une distance pondéré, basée sur une distance euclidienne combine les trois vecteurs.

Soient T et Q deux formes dont les vecteurs caractéristiques sont notés X^T et X^Q respectivement, avec $X^T = (V^{TS}, V^{TD}, V^{TC})$ et $X^Q = (V^{TS}, V^{TD}, V^{TC})$. Notons par E_f l'espace de formes, la fonction mesurant la similarité entre deux formes est définie sur l'espace E_f à valeur dans $[0,1]$ par :

$$Sim \quad : \quad E_f^2 \longrightarrow [0,1]$$
$$(T,Q) \longmapsto Sim(T,Q)$$

avec

$$Sim(T,Q) := \frac{1}{1 + d_p(X^T, X^Q)} \tag{4.38}$$

La distance pondérée d_p que nous avons construit est définie de la manière suivante :

$$d_p(X,Y) = \alpha.d(V_1^X, V_1^Y) + \beta.d(V_2^X, V_2^Y) + (1 - \alpha - \beta).d(V_3^X, V_3^Y) \tag{4.39}$$

où α et β sont deux réels positifs vérifient $\alpha + \beta \leq 1$, d est une distance euclidienne, $X = (V_1^X, V_2^X, V_3^X)$, $Y = (V_1^Y, V_2^Y, V_3^Y)$ avec V_k^X et V_k^Y sont des vecteurs dans l'espace $\mathbb{R}^N$, et N la taille de descripteurs.

Il est facile de montrer que d_p est une métrique. En effet, soient $X = (X_1, X_2, X_3)$, $Y = (Y_1, Y_2, Y_3)$ et $Z = (Z_1, Z_2, Z_3)$ trois éléments de $(\mathbb{R}^N)^3$ on a :

- Axiome de symétrie, est garantie par la symétrie de la métrique d, i.e $\forall (X,Y) \in (\mathbb{R}^N)^3$
  $d_p(X,Y) = d_p(Y,X)$.

- Axiome de séparation est vérifiée, en effet
  soit $(X,Y) \in (\mathbb{R}^N)^3$ alors,
  $d_p(X,Y) = 0 \Leftrightarrow d(X_1, Y_1) = d(X_2, Y_2) = d(X_3, Y_3) = 0$ car d est une distance et $\alpha, \beta \geq 0$ et $1 - \alpha - \beta \geq 0$,
  $\Leftrightarrow X_i = Y_i \; \forall i \in \{1,2,3\}$
  $\Leftrightarrow X = Y$.

• Axiome d'inégalité triangulaire est bien garantie par celle de la distance d.

En utilisant l'équation 4.38 on peut constater que la fonction de similarité Sim, est a valeurs dans l'intervalle $[0, 1]$. Si la distance entre les vecteurs descripteurs de deux formes est proche de 0, la fonction similarité Sim prend une valeur proche de 1, on dit que les deux formes supposés similaire, et si la distance devient très grand alors la fonction Sim prend une valeur proche de 0, on dit que les deux supposés dissimilaire. Les poids α et β jouent un rôle important dans la mesure de similarité, ils permettent de favoriser un vecteur descripteur par rapport aux autre en augmentant son poids.

4.4.1.3   Résultats expérimentaux

Pour tester le descripteur proposé, nous avons développé une application en Visual C++. L'interface graphique de l'application permet à l'utilisateur d'interroger la base de formes à partir d'une forme requête. Nous avons utilisé la base MCD (Multiview Data Curve) de Zuliani, Figure. 4.8, il s'agit d'une base de silhouettes d'objets. Cette base couvre 40 objets (extraite de la base MPEG7) avec 14 vues différentes Figure.4.9 pour chaque objet (les vues correspondant à des transformations de la silhouette initiale de l'objet).

FIGURE 4.8 – Les formes représentent les 40 classes de la base MCD

Plusieurs tests nous permettent de fixer le paramètre α en 0.5 et β en 0.3 pour la distance pondérée, ce qui donne plus d'importance au $VecteurSurface$, puis le $VecteurDistance$, et moins d'importance au $VecteurCourbure$ dans notre cas (base MCD). Nous avons mené plusieurs expérimentations, la Figure. 4.10 montre un exemple de deux formes requêtes (a) et (c), et leurs formes similaires 4.10.(b)et (d) obtenus par la recherche des

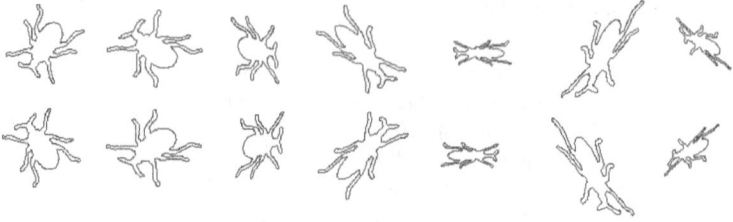

FIGURE 4.9 – La forme haute à gauche représente la silhouette initiale de l'objet et les
autres vues correspondant à de différentes transformations

k-plus proches voisins en fixant k à 14.

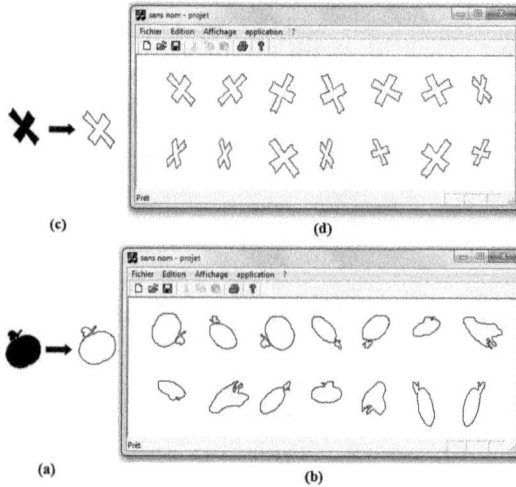

FIGURE 4.10 – Recherche de 14 plus proche voisins. (a) et (c) deux requêtes sous formes
de contours et (b) et (d) leurs 14 formes similaires ordonnées suivant le degré de similarité
de gauche à droite puis de haut en bas

Pour la première forme Figure. 4.10(a), nous remarquons que le système a pu retrouver plus de 78% de formes similaire à la requête existent dans la base, et on peut constater
encore que les fausses réponses parmi les formes retrouvés sont presque similaire par la

vision humain. La deuxième forme Figure. 4.10(c), le système a pu retourner toutes les formes similaires à la requête, ce qui montre la robustesse du descripteur proposé.

La Figure 4.11 montre un exemple de dix formes requêtes et les résultats obtenus de la recherche des k-plus proches voisins en fixant k à 14. Les 14 premières formes les plus ressemblantes à la forme requête sont affichées de gauche à droite.

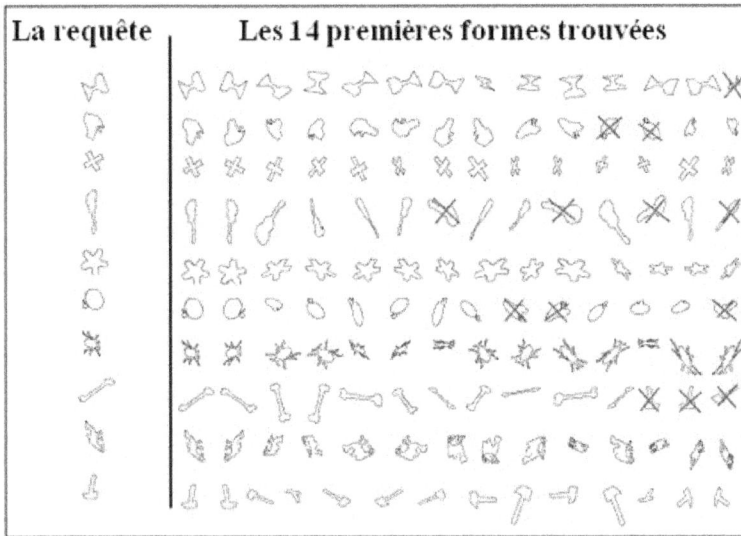

FIGURE 4.11 – les 14 premières formes trouvées pour une requête donnée

Les résultats obtenus montrent l'intérêt de notre approche au niveau de la recherche des formes. Alors, pour obtenir une mesure scalaire de système nous avons établi la moyenne de courbe rappel-précision pour toutes les formes de base de test. Ces deux mesures permettent de rendre compte de la réponse du système à la requête de l'utilisateur.

La figure 4.12 montre la moyenne des courbes rappel-précision qui correspondent aux résultats de la recherche, chaque forme de la base MCD a été pris comme requête. Elle donne aussi les courbes de deux autres méthodes très connues, c'est le descripteur de moments de périmètre (cf. 2.4.1.1.1) et le descripteur de Fourier (cf. 2.4.1.1.2) en utilisant le "centroid distance" comme signature.

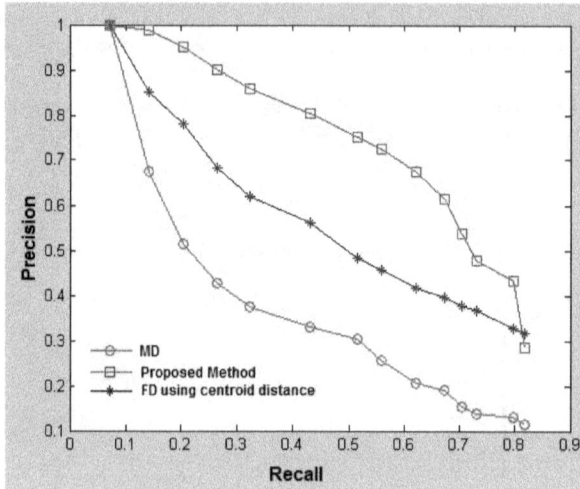

FIGURE 4.12 – La courbe rappel précision

La courbe rappel-précision de la méthode proposé obtenue montre l'efficacité de notre moteur de recherche en terme de précision, puisqu'on trouve les résultats les plus pertinents parmi les résultats et aussi il peut trouver plus de 60% de formes pertinentes correspond à 70% des formes requête construisent la base MCD. Il est aussi efficace en terme de rappel, car il est capable de trouver très rapidement presque tous les résultats pertinents qui existent dans la base de formes Figure. 4.10.

4.4.2 Descripteur proposé avec la paramétrisation par l'abscisse affine normalisée

4.4.2.1 Vecteurs caractéristiques

Si l'appareil photos change son point de vue à l'égard de l'objet, le contour résultant de l'objet sera déformé. Cette déformation soit traduite par une translation, une rotation, un changement d'échelle ou un étirement, ces transformations linéaires du plan construisent ce qu'on appel *Groupe Affine*. La déformation peut être approchée mathématiquement par une transformation affine du plan par un vecteur de translation et une matrice inversible associée.

Le descripteur que nous avons proposé construit par les vecteurs V^S, V^D et V^C est invariant à la rotation, translation et à l'homothétie, mais non invariant à l'étirement. Ce problème a été résolu dans le travail que nous avons réalisé dans [Lakehal & El-Beqqali 2010b]. Nous avons remplacé la paramétrisation avec l'abscisse curviligne normalisé par celle de l'abscisse affine normalisé 4.24, et on a éliminé le vecteur V^{TD}. Le descripteur proposé en utilisant l'abscisse affine est basé sur le **Vecteur Surface** V^S et le **Vecteur Courbure** V^C. Dans la sous section suivante on va démonter l'invariance de ces vecteurs par rapport à la translation, à la rotation, au changement d'échelle (homothétie) et à l'étirement (l'action de Groupe Affine).

4.4.2.2 L'invariance des vecteurs caractéristiques par rapport à l'action de Groupe Affine

L'invariance de certains propriétés ont été basé sur le théorème suivant, que nous avons proposé.

Théorème. 1 *Soit $\mathcal{T}$ une transformation affine d'affinité A_{aff} et de vecteur de translation T. L'aire d'un triangle Δ et celle de son image par $\mathcal{T}$ sont liées par l'équation suivante :*

$$Aire(\mathcal{T}(\Delta)) = det(A_{aff}).Aire(\Delta) \qquad (4.40)$$

où $det(A)$ est le déterminant de la matrice A.

Démonstration

Soient MSN un triangle et $M'S'N'$ son image par $\mathcal{T}$, d'affinité $A_{aff} = \begin{pmatrix} a_{11} & a_{12} \\ a_{21} & a_{22} \end{pmatrix}$ et de vecteur de translation $T = \begin{pmatrix} t_1 \\ t_2 \end{pmatrix}$.

On a

$$\begin{aligned} Aire(M'S'N') &= \frac{1}{2} \parallel \overrightarrow{S'M'} \wedge \overrightarrow{S'N'} \parallel \\ &= \frac{1}{2} \begin{vmatrix} x_{M'} - x_{S'} & x_{N'} - x_{S'} \\ y_{M'} - y_{S'} & y_{N'} - y_{S'} \end{vmatrix} \\ &= \frac{1}{2}[(x_{M'} - x_{S'})(y_{N'} - y_{S'}) - (x_{N'} - x_{S'})(y_{M'} - y_{S'})] \end{aligned}$$

En remplaçant les coordonnées des points M', S' et N' par celles des points M, S et N à l'aide des équations suivantes :

$$x_{M'} - x_{S'} = a_{11}(x_M - x_S) + a_{12}(y_M - y_S)$$
$$y_{M'} - y_{S'} = a_{21}(x_M - x_S) + a_{22}(y_M - y_S)$$

$$x_{N'} - x_{S'} = a_{11}(x_N - x_S) + a_{12}(y_N - y_S)$$
$$y_{N'} - y_{S'} = a_{21}(x_N - x_S) + a_{22}(y_N - y_S)$$

on trouve alors,

$$
\begin{aligned}
Aire(M'S'N') &= \frac{1}{2}[(a_{11}a_{22} - a_{12}a_{21})(x_M - x_S)(y_N - y_S) - \\
&\quad (a_{11}a_{22} - a_{12}a_{21})(x_N - x_S)(y_M - y_S)] \\
&= (a_{11}a_{22} - a_{12}a_{21})\frac{1}{2}[(x_M - x_S)(y_N - y_S) - (x_N - x_S)(y_M - y_S)] \\
&= det(A_{aff}).Aire(MSN)
\end{aligned}
$$

Ce qui achève la démonstration.

Soit $\mathcal{T}$ une transformation affine d'affinité A_{aff} et de vecteur de translation T. Notons par Δ un triangle extrait du contour, et par $\mathcal{T}(\Delta)$ de son transformé par $\mathcal{T}$. La transformation de points de la surface de Δ sous l'action de $\mathcal{T}$ est donnée par la formule suivante :

$$\forall M \in \Delta \quad \mathcal{T}(M) = A_{aff} \cdot M + T \qquad (4.41)$$
$$= R_\theta \cdot E \cdot H \cdot M + T \qquad (4.42)$$

où R est la matrice de rotation, E matrice d'étirement et H la matrice d'homothétie.

Soit κ_a la courbure affine calculée en chaque point de la courbe et $\kappa_a^{\mathcal{T}}$ celle de sa transformé par la transformation $\mathcal{T}$. La relation entre les deux courbures est donnée par la formule suivante :

$$\kappa_a = \frac{1}{[det(A_{aff})]^{\frac{2}{3}}}\kappa \qquad (4.43)$$

pour plus de détails voir [Mokhtarian & Abbasi 2001].

Notons que la courbure affine κ_a en chaque point de la courbe est facile à calculer si elle est exprimée en fonction d'un paramètre arbitraire Eq.4.29.

• L'invariance à la translation et à la rotation

Les repères utilisés pour la paramétrisation par l'abscisse curviligne Figure.4.2 ou affine Figure.4.4 sont des repères liés à la courbe lui même, ce qui assure l'invariance de vecteurs V^S et V^C par rapport à la rotation et à la translation.

• L'invariance à l'espace d'échelle (homothétie)

Lorsque la matrice d'affinité A_{aff} se réduite à la matrice d'homothétie $H = \begin{pmatrix} S_x & 0 \\ 0 & S_y \end{pmatrix}$ on parle alors de changement d'échelle (scaling) avec les facteurs d'échelles S_x et S_y suivant les axes (ox) et (oy) respectivement. Montrons d'abord l'invariance de V^S et V^C à cette transformation.

- L'invariance du *vecteur surface* V^S

En utilisant la formule que nous avons démontrée dans le **Théorème**.1, sachant que l'affinité A_{aff} se réduite à H, l'aire du triangle Δ et celle de son transformé sont liés par la formule :

$$Aire(\mathcal{T}(\Delta)) = det(H) Air(\Delta)$$

sachant que $det(H) = S_x S_y$, on pose $S_x S_y = \alpha$, la relation devient :

$$Aire(\mathcal{T}(\Delta)) = \alpha Aire(\Delta) \qquad (4.44)$$

Pour rendre le **Vecteur Surface** invariant au changement d'échelle, le facteur α doit disparaitre de l'équation 4.44. Soient V^S le vecteur associe à une forme, celle qui correspond à sa forme transformé est définie comme suite :

$$(V^S)^{\mathcal{T}} = (\alpha V_1^S, \ldots, \alpha V_i^S, \ldots, \alpha V_N^S)$$

Lorsqu'en divisant les composantes du vecteur $(V^S)^{\mathcal{T}}$ par sa première composante αV_1^S, qui est le max de ses composantes, il devient invariant par rapport au changement d'échelle.

- L'invariance du *Vecteur Courbure* V^C

En remplaçant la matrice A_{aff} par H dans l'équation 4.43, la relation entre la courbure affine de la forme originale et celle de sa forme transformée est donnée par la formule suivante :

$$\kappa_a^{\mathcal{T}} = \frac{1}{\alpha^{\frac{2}{3}}} \kappa_a \qquad (4.45)$$

Le *Vecteur Courbure* de la forme transformée est donné par :

$$(V^C)^{\mathcal{T}} = (\alpha^{\frac{2}{3}} V_1^C, \ldots, \alpha^{\frac{2}{3}} V_i^C, \ldots, \alpha^{\frac{2}{3}} V_N^C)$$

On suit la même procédure de normalisation utilisé pour le vecteur V^S avec le *Vecteur Courbure* pour le rendre invariant au changement d'échelle.

• **L'invariance à l'étirement**

Lorsque la matrice d'affinité A_{aff} se réduit à la matrice $E_{a,b}$ Eq. 4.6 on parle alors de l'étirement pour la forme transformée (shear).

- L'invariance de V^S

Comme la matrice de l'affinité A_{aff} est égale à $E_{a,b}$ dans le cas de l'étirement, et d'après les deux relations 4.6 et 4.40 la surface reste inchangée comme le montre l'équation :

$$\begin{aligned} Air(\mathcal{T}(\Delta)) &= det(E_{a,b})Air(\Delta) \\ &= Air(\Delta) \end{aligned}$$

car on a $det(E_{a,b}) = \begin{vmatrix} a & b \\ 0 & 1/a \end{vmatrix} = 1$.

- L'invariance de V^C

De même pour l'invariance de la valeur de courbure affine, d'après les deux relations 4.6 et 4.43 la courbure reste la même en chaque point de la courbe pour les deux formes :

$$\begin{aligned} \kappa_a^{\mathcal{T}} &= \frac{1}{[det(E_{a,b})]^{\frac{2}{3}}}\kappa_a \\ &= \kappa_a \end{aligned}$$

4.4.2.3 Résultats expérimentaux

Pour tester le descripteur proposé avec la paramétrisation affine, nous avons utilisé deux bases pour générer les bases de testes. Dans la première partie nous avons testé le descripteur sur la base générée à partir de la base MCD et dans la deuxième partie nous présentons les résultats expérimentaux obtenus sur la base générée avec la base MPEG7.

4.4.2.3.1 Test sur la base généré avec MCD

Les actions de la translation et la rotation n'ont pas d'influence sur le descripteur proposé comme nous avons déjà mentionné. Les deux transformations en question, c'est le changement d'échelle et l'étirement. Pour montrer la robustesse de descripteur par rapport à ces deux propriétés nous avons construit deux bases de test à partir de la base MCD.

A partir de chaque forme de cette base, nous avons généré 9 formes, et ceci par l'utilisation de la matrice d'étirement $E_{a,b}$. Le paramètre b est fixé en 0 pour avoir l'étirement suivant l'axe (ox), et le paramètre a prend les valeurs 0.25 ; 0.5 ; 0.75 ; 1 ; 1.25 ; 1.5 ; 1.75 ; 2 et 2.5 successivement. La Figure 4.13 montre un exemple d'une forme originale en haut à gauche et ses transformations. La base de test construite avec ces transformations contient 5040 formes. La mesure de performance du descripteur a été estimée expérimentalement par plusieurs tests. La Figure 4.14 présente deux requêtes sous forme de contour et les 10 premiers formes similaires retrouvés par le système.

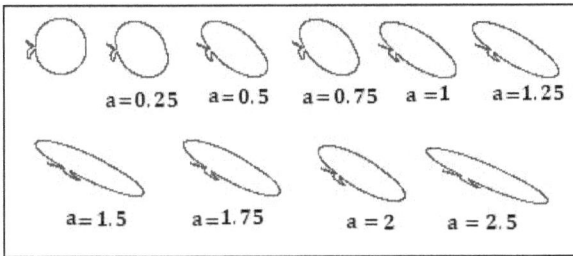

FIGURE 4.13 – Les 9 formes transformées de la forme originale

4.4.2.3.2 L'invariance au changement d'échèlle (scaling)

La même procédure a été suivie pour générer la base de test concernant l'invariance de descripteur par rapport au changement d'échelle. Dans ce cas la matrice concernée est celle de l'homothétie H Eq. 4.7. L'agrandissement des formes a été fait uniformément, les deux grandeurs (S_x) et (S_y) sont égaux. Le facteur d'agrandissement noté (s) prend les valeurs 0.75 ; 1.25 ; 1.5 ; 1.75 ; 2 ; 2.25 ; 2.5 ; 2.75 ; 3 comme il montre la Figure 4.15.

Des centaines de formes ont étés pris comme requetés, les résultats montre que le descripteur est efficace pour chercher les formes subi d'une transformation de changement d'échelle, la figure 4.16 représentes deux requêtes et leurs formes similaires trouvées.

4.4.3 Test sur la base MPEG7

La méthode proposée à été également testée [Lakehal & El-Beqqali 2010a] sur la base MPEG7 c'est une base standard largement utilisée pour tester les méthodes d'indexation 2D. La base contient 70 classes, chaque classe contient 20 images blanches sur noir. Nous avons choisi 60 image, chaque' une représente une classe différente comme il montre la Figure4.17(a), puis nous avons extrait le contour externe de chaque forme Figure4.17(b) en

(a)   (b)

(a)   (b)

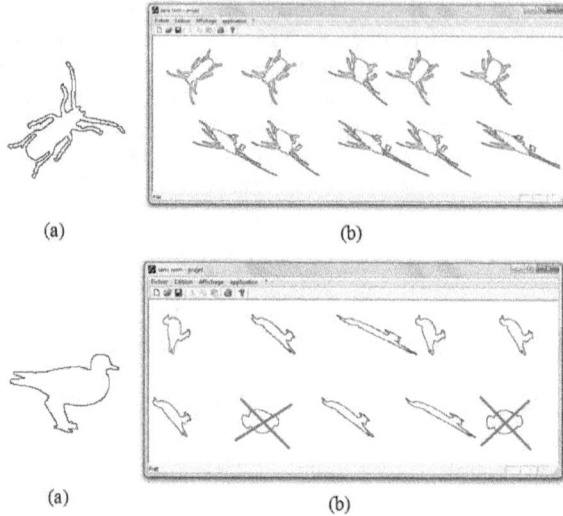

FIGURE 4.14 – (a) Forme requête (b) les plus proches voisins obtenus

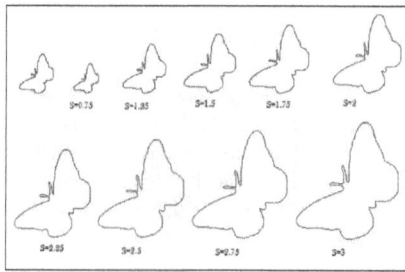

FIGURE 4.15 – Les 9 formes transformées de la forme originale

utilisant un code personnel que nous avons développé. Ce code permet d'associer à chaque forme un fichier d'extension '.c' contenant les coordonnées des points qui construisent le contour qui représente la forme.

Deux bases de tests ont été créées en se basant sur les contours que nous avons extrait à partir de la base MPEG7 avec les mêmes valeurs des paramètres de la matrice d'étirement

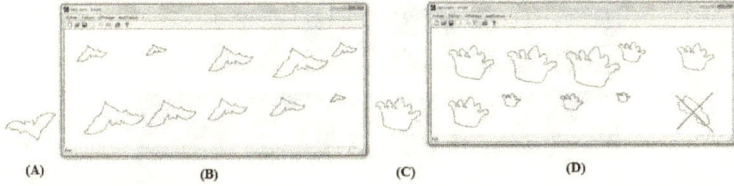

FIGURE 4.16 – (a) Forme requête (b) les plus proches voisins obtenus

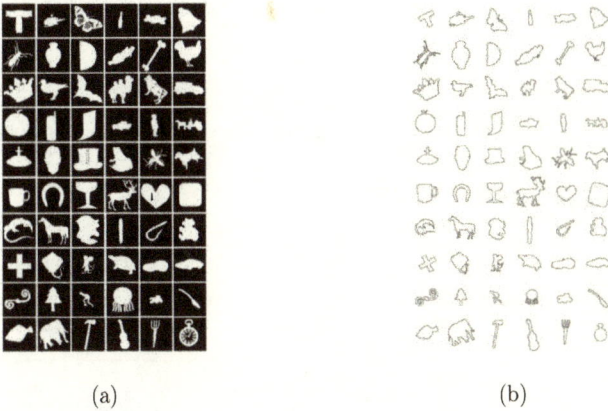

(a)   (b)

FIGURE 4.17 – (a) Représente de 60 classes de la base MPEG7 et (b) les contours externes de leurs formes associes

et d'homothétie qu'on a utilisé pour la base MDC. La première base a pour but de tester l'invariance du descripteur sous l'action de l'étirement et la deuxième pour tester l'invariance face au changement d'échelle, la figure 4.18 montre un exemple d'une forme en haut à gauche et ces formes transformées par l'étirement et ces contours associes. Chaque base de tests est contient 600 formes. Nous avons mené plusieurs expérimentations pour monter l'efficacité du descripteur au niveau des résultats retournés par le système de recherche sous l'action de l'étirement et de changement d'échelle, les Figures 4.19(A) et 4.19(A) représentent quelques requêtes sur la colonne à gauche de chaque figure et les 9 plus proches voisins retenus par le système de recherche sur chaque ligne.

La robustesse du descripteur a été étudié en utilisant la moyenne des courbes rappel-précision, chaque forme des deux bases citées avant a été utilisé comme requête, la Figure

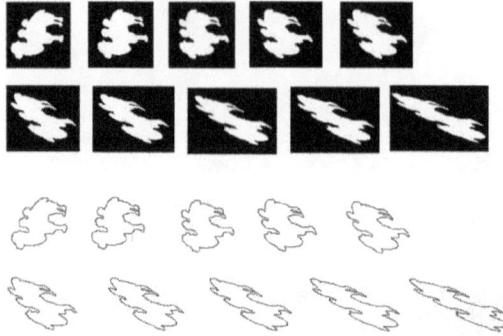

FIGURE 4.18 – Une forme et ces versons tirés et leurs contours associe

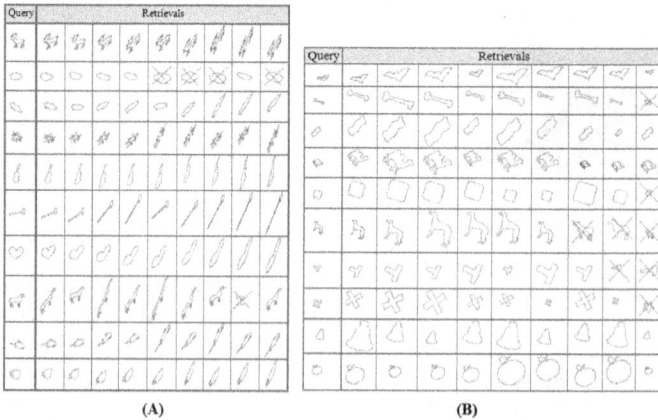

(A)   (B)

FIGURE 4.19 – Leurs neuf plus proches voisins de quelques requêtes

4.20 concernant l'action du changement d'échelle et la Figure 4.21 concernant l'action
d'étirement.Les deux courbes montrent la robustesse du descripteur soit en terme de précision puisque on trouve plus de 70% de formes pertinentes correspond à 70% de requêtes
construisent la base soit en terme de rappel puisqu'il retourne les formes pertinentes d'une
manière très rapide surtout sous l'action de changement d'échelle.

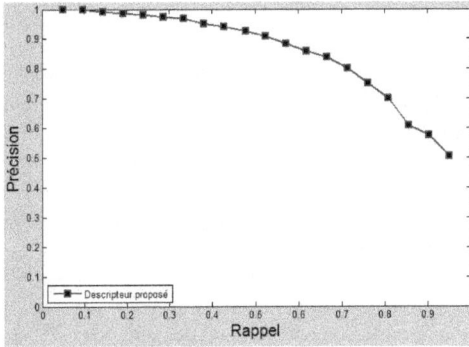

FIGURE 4.20 – La moyenne des courbes rappel-précision en utilisant la base de tests sous l'action de changement d'échelle

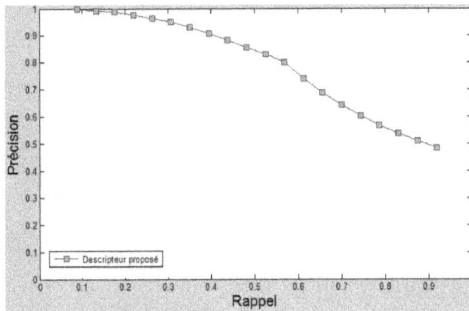

FIGURE 4.21 – La moyenne des courbes rappel-précision en utilisant la base de tests sous l'action d'étirement

4.5 Conclusion

Dans ce chapitre nous avons présenté une méthode de description et de la recherche de forme. Nous avons commencé par présenter quelques notions importantes et fondamentales pour la description invariante d'une forme décrite par sa silhouette, après nous avons exposé la théorie de la représentation multi-échelle de courbure que nous considérons comme une méthode importante pour la description.

Deux descripteurs étés proposés pour l'indexation de forme, un descripteur utilise une paramétrisation dans l'espace Euclidien qui n'est pas invariant à l'étirement, pour remédier ce problème nous avons proposé la version amélioré du descripteur proposée qui est invariante aux groupe des transformations affine. Le lissage des contours représentent les formes est une étape nécessaire avant l'extraction des vecteurs descripteurs, il permet d'avoir la robustesse du descripteur vis-à-vis au bruit.

Pour pouvoir tester et valider notre système d'indexation et de recherche, nous avons utilisé la base MPEG7 et la base MCD ainsi que les bases générées par les transformations affine appliquées sur les formes des deux bases précédentes. Les résultats obtenus sont très satisfaisants et montrent la robustesse des méthodes proposés ainsi que sa performance au niveau de la reconnaissance de formes. Ainsi, nous avons utilisé les courbes rappel-précision pour les études comparatives des descripteurs proposés avec d'autres descripteurs, comme les descripteurs de Fourier en utilisant la distance au centroide comme signature, et descripteur des moments géométriques, les résultats montrent la supériorité et la robustesse de notre descripteur.

CHAPITRE 5

Descripteur proposé pour les objets 3D basé sur les images de niveaux caractéristiques CLI

Sommaire

Dans ce chapitre nous proposons un nouveau descripteur pour l'indexation est la recherche dans les bases d'objets 3D. Ce dernier est basé sur un ensemble d'images binaires nommés " Images de niveaux caractéristiques " noté CLI. Un descripteur d'images a été appelé pour l'extraction d'un ensemble de vecteurs descripteurs. Une mesure de similarité a été introduite en s'appuyant sur les vecteurs descripteurs extraits de l'objet pour chercher les modèles similaires dans la base. ————

5.1 Introduction

Nous présentons dans ce chapitre une approche que nous avons proposée [Lakehal & El-Beqqali 2011] dans le contexte de l'indexation et la recherche dans une base de formes 3D. Comme il est mentionné dans le chapitre 4, les descripteurs d'objets

3D sont classifiés en quatre catégories. Les méthodes caractérisant les objets 3D par des ensembles de vues, varient en fonction du nombre et de la position des vues et de la méthode de description pour les décrire. Ces méthodes permettent de s'adapter à la complexité de l'objet à décrire en fonction du nombre de vues choisies, un tel processus demande la mise en place :

- d'un système de représentation, contenant les vues de d'objet et permettant de les extraire rapidement ;
- d'une métrique entre les vues pour les comparer ;
- d'un processus d'optimisation parcourant l'espace des vues pour rechercher la vue la plus similaire.

Le descripteur proposé qu'on peut lui classé dans l'approche par vues, est basé sur des images binaire (appelés images de niveaux) extraits de l'objet par l'intersection de ce dernier avec des plans parallèles et dirigés par un axe donné. L'extraction de ces images doit être précédée par une étape de prétraitement de l'objet 3D. Les résultats obtenus du descripteur proposé est très satisfaisants en les comparant avec celles obtenus avec d'autre descripteur connus.

5.2   Descripteur proposé

Comme a été énoncé dans le paragraphe 3.5.4, les approches d'indexation basées sur les vues, caractérisent un objet 3D par un ensemble de vues 2D et classe les objets 3D en comparant leurs ensembles de vues. Pour cela, l'espace des vues de l'objet est discrétisé par un ensemble de points de vues répartis autour du modèle et pour chaque point, une image du profil de la pièce 3D est prise et indexé par un descripteur d'image 2D.

La plupart des méthodes d'indexation 3D ou 2D/3D se basant sur la surface de l'objet pour extraire des caractéristiques décrivant l'objet d'une manière local ou global, c'est la façon la plus proche de notre système Visual. Ces méthodes utilisent les vues de modèle 3D, sont motivées par les résultats psychophysiques [Riesenhuber & Poggio 2000] qui montrent que dans le système visuel humain, un objet en trois dimensions est représenté par un ensemble de vues 2D plutôt que par un modèle tridimensionnel. Notre approche s'inspire de cette philosophie ainsi que les travaux réalisé par Koutsoudis at al. [Koutsoudis *et al.* 2010].

Une autre façon de voire le model 3D a été inspiré de cette philosophie et ainsi que les travaux réalisées par Koutsoudis at al. [Koutsoudis *et al.* 2010], nous permet de proposé notre descripteur. L'objet 3D est parfaitement caractérisé par sa surface, il peut encore se caractériser par un ensemble de coupes de niveaux de surface comme dans le Figure 5.1, quand le nombre des coups devient très grand, On aura alors une représentation presque totale de la surface de l'objet. Ces coupes représentent des différents niveaux de l'objet suivant une direction donnée. Chaque coupe est comme une touche de l'objet dans un niveau précis qui est représentée par une image binaire. C'est comme on parle de la sens toucher pour la machine afin de reconnaitre le model.

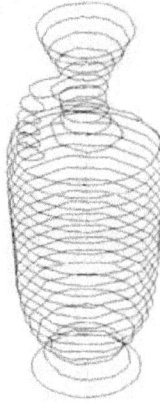

FIGURE 5.1 – Les coups de niveaux de surface d'un objets 3D

5.2.1 Principe

Etant donné un objet 3D, la procédure d'extraction de vecteurs descripteurs commence par un prétraitement de données. L'objet se trouve souvent dans une position arbitraire dans l'espace, ce qui nécessite une normalisation. Parmi les méthodes les plus utilisées pour résoudre ce problème, il y a l'analyse en composantes principales (ACP). Nous avons utilisé sa version amélioré cité dans le paragraphe 3.4 qui s'appelle l'ACP continue. Cette version plus robuste, car elle ne travaille pas seulement sur les sommets du maillage, mais encore sur les points trouvés par la combinaison linière de sommets de chaque triangle du maillage. L'alignement de l'objet suivi de l'étape d'extraction d'un ensemble d'images binaires appelées les images de niveaux noté LI. Le nombre de ces images est souvent très grand, ce qui demande beaucoup de temps pour l'extraction de vecteurs caractéristiques, pour cette raison nous utilisons une technique pour le réduire.

A partir de l'ensemble LI on ne garde que les images pertinentes qui caractérisent l'objet pour construire un nouvel ensemble qui s'appel l'ensemble d'images de niveau caractéristiques noté CLI. On appel à un descripteur 2D pour extraire le vecteur caractéristique pour chaque élément de l'ensemble CLI puis on les regroupe pour construire le vecteur descripteur associé au model 3D. Le degré de similarité entre les objets est traduite par la distance calculée entre leurs vecteurs descripteurs. Le principe général de notre méthode d'indexation et de calcul de similarité pour les modèles est résumé dans le Figure 5.2.

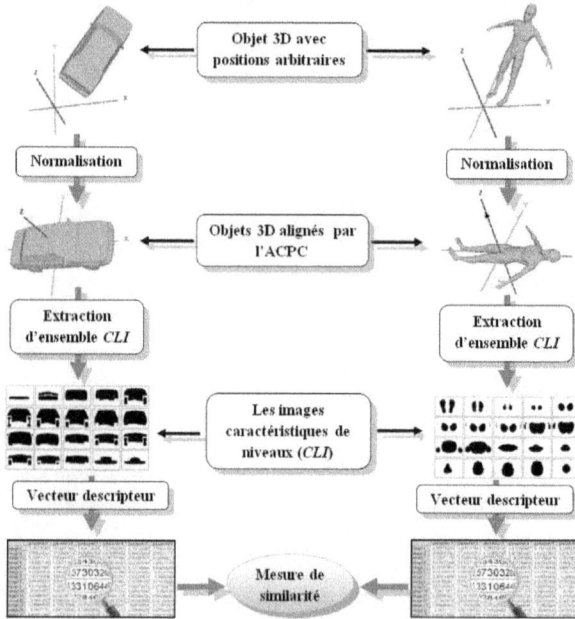

FIGURE 5.2 – Principe général de la mise en correspondance 2D/3D

5.2.2   Les images de niveaux *LI*

Les modèles 3D souvent se trouvent dans une position aléatoire dans l'espace. Dans l'étape de l'extraction de l'ensemble d'images binaires LI on doit alors normaliser l'objet 3D pour palier à ce problème. L'analyse en composantes principales donne pour certain modèle 3D un faux alignement. Cette étape joue un rôle important dans l'extraction d'images, le faux alignement produit un vecteur descripteur qui est très loin en termes de distance, malgré ils représentent le même model. Le problème se produise donc durant l'alignement et précisément pondant la rotation de l'objet, un changement de l'ordre des valeurs propres de la matrice de covariance 3.10, change complètement les images extraites pour le même objet 3D comme il montre la Figure 5.3. Pour palier à ce problème nous avons utilisé sa version améliorée de l'ACP, c'est une version continue (ACPC) car il utilise plus de points de la surface du model 3D avec une pondération associée à chaque triangle.

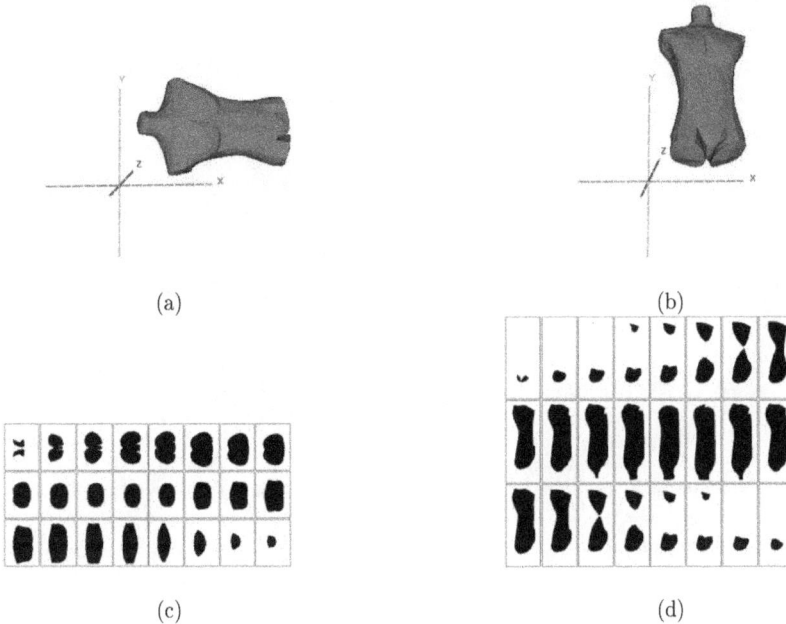

(a)   (b)

(c)   (d)

FIGURE 5.3 – L'extraction d'images de niveaux. (a) : l'objet correctement aligné et (c) son ensemble LI. (b) : l'objet avec alignement faux et (d) son ensemble LI

La matrice de covariance est maintenant calculée en utilisant le maillage du model, les valeurs et les vecteurs propres sont aussi. Le barycentre de l'objet devient alors le centre de l'espace 3D, les vecteurs propres sont ordonnés suivant l'ordre décroissant et ils deviennent les directions du repère canonique. La Figure 5.4 présente un model 3D avant et après l'alignement par l'ACPC. On remarque l'ordre de deux derniers axe du repère n'a pas d'importance lorsqu'on utilise un descripteur d'images invariant à la rotation.

Les images binaires construites l'ensemble $LI = \{I_1, \ldots, I_i, \ldots, I_N\}$ où N son cardinal qui est fixé à priori, sont obtenues par l'intersection des plans perpendiculaires à l'axe

(ox). Caractérisant d'abord les points extrêmes du nuage de l'objet 3D suivant les directions (ox), (oy) et (oz).

Notons par $\mathcal{E}$ l'ensemble du nuage de points qui représentent le model Figure 5.5(b). Soient L_{min} et L_{max} les points extrêmes de $\mathcal{E}$ suivant (ox) (points en couleur rouge Figure 5.5(b)), leurs abscisse x_{min} et x_{max} respectivement définis par :

$$x_{max} = \max\{x \,/\, M(x,y,z) \in \mathcal{E}\} \quad et \quad x_{min} = \min\{x \,/\, M(x,y,z) \in \mathcal{E}\}$$

et les points extrêmes de $\mathcal{E}$ suivant (oy) (points en couleur vert Figure 5.5(b)), $H(x,y_{min},z)$ et $H(x,y_{max},z)$ où y_{min} et y_{max} définis par :

$$y_{max} = \max\{y \,/\, M(x,y,z) \in \mathcal{E}\} \quad et \quad y_{min} = \min\{y \,/\, M(x,y,z) \in \mathcal{E}\}$$

enfin, les deux points extrêmes suivant l'axe (oz)(points en couleur bleu Figure 5.5(b)), $M(x,y,z_{min})$ et $M(x,y,z_{max})$ tel que :

$$z_{max} = \max\{z \,/\, M(x,y,z) \in \mathcal{E}\} \quad et \quad z_{min} = \min\{z \,/\, M(x,y,z) \in \mathcal{E}\}$$

Les éléments de l'ensemble LI sont générés par les plans d'équations $x = x_k$ où $x_k \in [x_{min}, x_{max}]$ et $k \in \{1, \ldots, N\}$, se sont des plans équidistants par la distance δ_x exprimée comme suit :

$$\delta_x = \frac{x_{max} - x_{min}}{N} \tag{5.1}$$

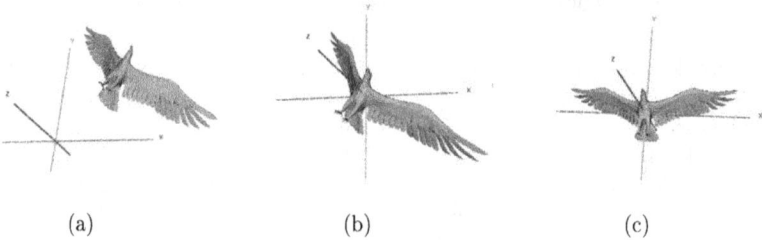

(a)   (b)   (c)

FIGURE 5.4 – Alignement d'un objet 3D, (a) : position arbitraires dans l'espace (b) : translation vers l'origine (c) : rotation suivant les axes principal par la ACPC

Prenons un plan d'équation $x = x_k$, le processus d'extraction de l'image correspond se ressemble à un rayon laser se déplace d'une manière rectiligne pour détecter les points de l'objet appartient à ce plan. Mathématiquement, on peut modéliser ce processus par l'intersection d'un ensemble de droites d'équations paramétriques définies par :

$$\begin{cases} x = x_k \\ y = y_p, \, y_p \in [y_{H_{min}}, y_{H_{max}}] \end{cases}$$

lorsque le droit se déplace dans le plan $x = x_k$ d'une manière parallèle à (oz), son intersection avec l'objet génère un ensemble de segments, leurs réunions donne l'image binaire associe à ce plan. Prenons l'exemple du model éléphant dans la Figure 5.6, les points extrêmes L_{max}, L_{min}, H_{max}, H_{min}, M_{max} et M_{min} correspondent à son nuage de points sont donnés dans le Tableau 5.1. Nous avons 100 plan équidistants par la distance $\delta_x = 0,0525488$ qui génèrent 100 image binaire constitue l'ensemble LI Figure 5.6. L'algorithme 3 a été utilisé pour extraire l'ensemble LI pour un objet aligné.

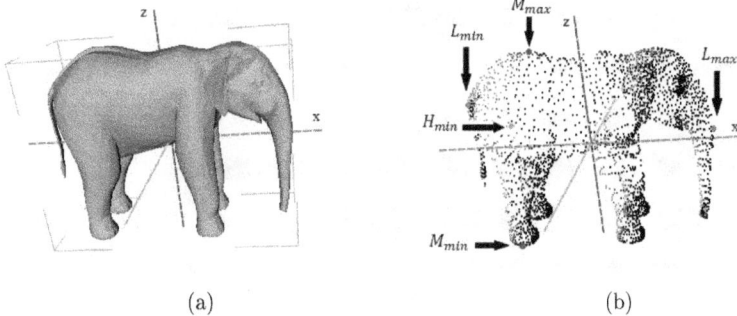

(a)   (b)

FIGURE 5.5 – (a) : Model 3D d'un éléphant avec la boit englobant. (b) : le nuage de points du model et les points extrêmes.

Points extrêmes	Coordonnées cartésiennes		
L_{max}	$x_{max} = 5.306216$	-	-
L_{min}	$x_{min} = 0.051336$	-	-
H_{max}	-	$y_{max} = 2.222384$	-
H_{min}	-	$y_{min} = 0.538354$	-
M_{max}	-	-	$z_{max} = 3.929709$
M_{min}	-	-	$z_{min} = 0.008728$

TABLE 5.1 – Points extrêmes du nuages représente le model éléphant

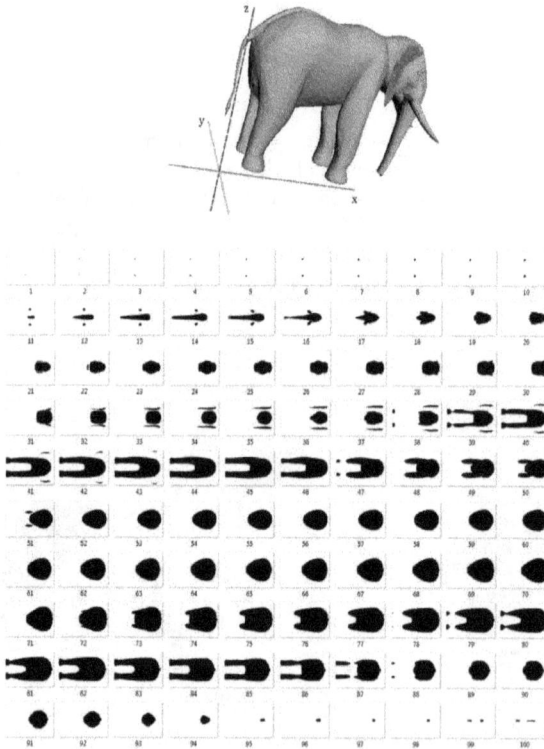

FIGURE 5.6 – Le model éléphant et son ensemble d'images LI

- **Données** M : model 3D. N : cardinal de l'ensemble LI. P : résolution de l'image.
- **Résultats** L'ensemble d'images de niveaux $LI = \{I_1, \ldots, I_i, \ldots, I_N\}$.

Soit $\mathcal{E}$: l'ensemble de points de nuage représente le model

Soient L_{max} et L_{min} : les points extrêmes suivant l'axe (ox)

Soient H_{max} et H_{min} : les points extrêmes suivant l'axe (oy)

$\delta_x \leftarrow \frac{x_{L_{max}} - x_{L_{min}}}{N}$;

$\delta_y \leftarrow \frac{y_{H_{max}} - y_{H_{min}}}{P}$;

$LI \leftarrow \emptyset$;

Pour k allant de 1 à N **faire**

$\quad I_k \leftarrow \emptyset$

$\quad x_k \leftarrow x_{L_{min}} + k.\delta_x$

$\quad$ **Pour** p allant de 1 à P **faire**

$\quad\quad y_p \leftarrow y_{H_{min}} + p.\delta_y$

$\quad\quad$ Soit Δ_{kp} la droite d'équations $x = x_k$, $y = y_p$;

$\quad\quad$ soient S_{kp} l'ensemble de segments générés par l'intersection de Δ_{kp} avec le model M ;

$\quad\quad$ Ajouter S_{kp} à I_k

$\quad$ **Fin Pour**

$\quad$ Ajouter I_k à LI

Fin Pour

Algorithme 3: Extraction de l'ensemble LI pour le model M

5.2.3 Les images de niveaux caractéristiques *CLI*

Le choix du nombre d'images (correspond au nombre du plans) à extraire joue un rôle important dans l'indexation de l'objet. En effet, pour mieux décrire l'objet, on doit élever le nombre d'images, mais cela augmente encore le temps de calcul. On doit trouver alors un compromis qui prend en considération ces deux contraintes, c-à-d un nombre raisonnable en terme de calcul qui caractérise mieux l'objet. Comme ont fait les auteurs [Bowyer & Dyer 1990][Christopher & Kimia 2004], en prenant un grand nombre d'images et en les regroupant pour ne garder que les plus caractéristiques.

Nous constatons que, si un objet 3D est décrit par un nombre d'images de niveaux LI relativement grand, il est probable que certaines images seront très représentatives, alors que d'autres images seront certainement semblables et ne donnent aucune information additionnelle comme il montre la Figure 5.6. En conséquence, il est indispensable d'appliquer un algorithme pour éliminer les images semblables, et identifier le nombre d'images requises pour représenter un objet.

Prenons le cas des approches basées sur les vues, la réduction du nombre d'images est une étape primordiale. Pour réduire le nombre de l'ensemble LI tout en gardant les éléments significatifs qui caractérisent mieux la forme 3D, nous avons utilisé l'algorithme de k-Moyennes, également appelé algorithme des *nuées dynamiques*, (k-means) voir l'annexe C.1. Les éléments sélectionnés par l'algorithme de réduction sont appelés les images de niveaux caractéristiques constituent un ensemble noté $CLI = \{I_1^c, \dots, I_i^c, \dots, I_n^c\}$ où n est son cardinal.

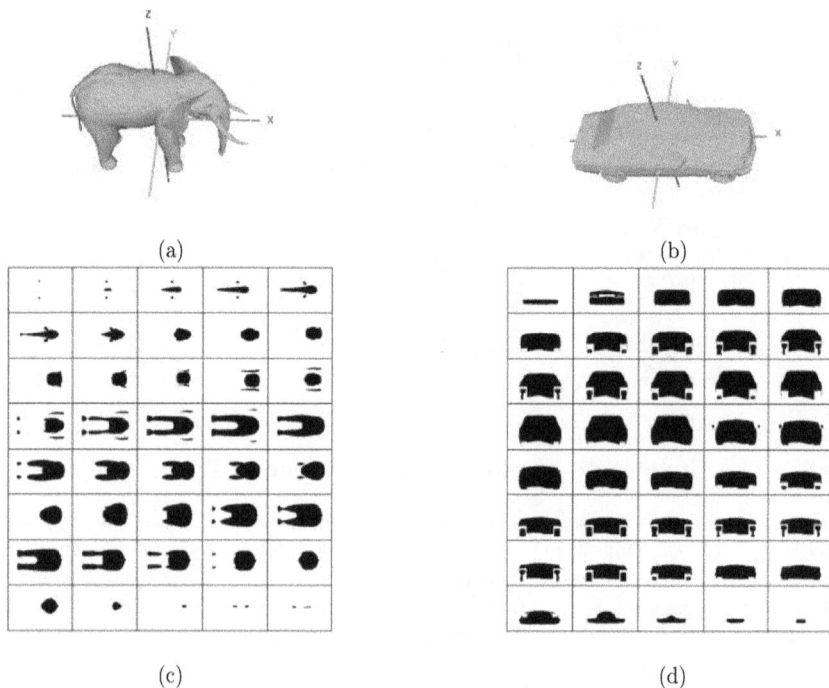

(a)

(b)

(c)   (d)

FIGURE 5.7 – Extraction de l'ensemble CLI : les modèles 3D (a) et (b), leur ensembles CLI(c) et (d)

L'algorithme 4 est utilisé pour l'extraction de l'ensemble CLI à partir d'un en semble

LI, qui se déroule de la façon suivante :

1. Choisir n images au hasard parmi les images de l'ensemble LI. Soient $\{I_{k_1}, ..., I_{k_i}, ..., I_{k_n}\}$ les images ainsi obtenus. $\{I_{k_1}, ..., I_{k_i}, ..., I_{k_n}\}$ sont les représentants de n classes $\{C_1, ..., C_n\}$ qui sont pour l'instant vides.

2. Affecter chaque image I_i de l'ensemble LI à l'une des classes en fonction du représentant le plus proche :

$$\arg\min_{1 \leq p \leq n} d(I_i, I_{k_p})$$

où d est une distance ou une similarité entre images.

3. Calculer de nouveaux représentants pour les classes. A chaque classe C_i on affecte le nouveau représentant, correspondent à l'image située au centre de nuage de la classe C_i en termes de distance ou similarité :

$$\arg\min_{I \in C_i} d(I, I_{k_i})$$

4. Retourner en 2 tant que la différence entre les anciens et les nouveaux représentants est supérieure à un seuil ε fixé (et arbitrairement petit).

5. Les éléments de l'ensemble CLI sont les représentants des classes ainsi trouvés.

- **Données** L'ensemble $LI = \{I_1, ..., I_N\}$. N : son nombre d'éléménts. n : nombre d'éléments de CLI. d : une distance. ε un seuil.
- **Résultats** L'ensemble d'images de niveaux caractéristiques $CLI=\{I_1^c, ..., I_i^c, ..., I_n^c\}$.

Soient $C = \{C_1, ..., C_n\}$ un ensemble de n classes vides ;

On affecte au hasard à chaque classe C_i une image représentante I_{k_i} de LI où $k_i \in \{1, ..., N\}$;

Pour p allant de 1 à N **faire**

$\quad\quad j \leftarrow \arg\min_{m \in \{1,...,n\}} d(I_p, I_{k_m})$

$\quad\quad$ Ajouter I_p à C_j

$\quad\quad$ Calculer les nouveaux représentants des classes qui sont les centres des nuages des classes.

Fin Pour

Tant que (la différence entre les anciens et les nouveaux représentants est supérieure à ε) **faire**

$\quad\quad$ Réaffecter les éléments de l'ensemble LI aux nouvelles classes appropriées ;

$\quad\quad$ Recalculer le nouveau représentant I_{k_i} pour chaque classe C_i ;

$\quad\quad$ Calculer la différence entre les anciens et les nouveaux représentants ;

Fait

Pour i allant de 1 à n **faire**

$\quad\quad I_i^c \leftarrow I_{k_i}$

Fin Pour

Algorithme 4: Extraction de l'ensemble CLI

5.2.4 Vecteurs descripteurs

Etant donné un modèle 3D $\mathcal{M}$, notons par $CLI^{\mathcal{M}}$ son ensemble CLI définie comme suit :

$$CLI^{\mathcal{M}} = \{I_1^{\mathcal{M}}, ..., I_i^{\mathcal{M}}, ..., I_N^{\mathcal{M}}\}$$

Chaque composant $I_i^{\mathcal{M}}$ représente une image binaire. Nous avons introduit les 7 moments de Hu 2.25 pour indexer ces images. C'est un descripteur invariant à la translation, à la rotation et au changement d'échelle. Les vecteurs descripteurs du modele $\mathcal{M}$ noté X est définies comme suit :

$$X^{\mathcal{M}} = \{X_1^{\mathcal{M}}, ..., X_i^{\mathcal{M}}, ..., X_N^{\mathcal{M}}\} \tag{5.2}$$

où $X_i^{\mathcal{M}} = \left(X_{i1}^{\mathcal{M}}, ..., X_{i7}^{\mathcal{M}}\right)$ est une vecteur de $\mathbb{R}^7$ et $X_{ij}^{\mathcal{M}}$ est le j^{me} moment de Hu correspond à l'image $I_i^{\mathcal{M}}$.

5.3   Mesure de similarité pour le descripteur proposé

La mesure de similarité entre deux modèles 3D revient à mesurer la similarité entre chaque image de l'ensemble CLI de l'un de deux modèles avec celles de l'ensemble *CLI* de l'autre modèle, c'est comme le calcul de la distance entre deux ensemble non vide finis n'ont pas le même cardinal. Pour répondre à cette question, deux distances sont en question, la distance de Hausdorff et celle de l'EMD (Earth Mover Distance)[Rubner *et al.* 200], cette dernière semble très coûteuse en termes de calcul. La distance de Hausdorff [Hausdorff 1962] est la plus adaptable avec les vecteurs descripteurs proposés, en outre, c'est la plus utilisé dans ce genre de problème.

La distance entre deux ensembles fermés 5.8 (et dans notre cas finis) X et Y est définie par :

$$d_H(X,Y) = \max \left\{ \max_{x \in X} \{\delta(x,Y)\}, \max_{y \in Y} \{\delta(y,X)\} \right\} \tag{5.3}$$

Cette définition n'est pas forcement intuitive : on en trouve une illustration sur la Figure. 5.8. Pour en comprendre le mecanisme, il faut comprendre qu'elle utilise une distance asymetrique (notee $\delta(x,Y)$ ou $\delta(y,X)$ ci-dessus) entre un point et un ensemble, qui est definie par :

$$\delta(x,Y) = \min_{y \in Y} \{d(x,y)\}$$

On calcule ainsi pour chaque point d'un ensemble sa plus faible distance à un point de l'autre ensemble. On choisit ensuite le point qui maximise cette quantité. Puisque cette distance est asymétrique, on utilise pour distance entre les deux ensembles la plus élevée des deux distances asymétriques.

La distance de Hausdorff vérifie les axiomes définissant une métrique :

1. $d_H(X,Y) = 0 \Rightarrow X = Y$: deux ensembles de distance nulle sont identiques[1] (c'est-à-dire que tous leurs éléments coïncident),

2. la symétrie,

3. l'inégalité triangulaire.

On est donc bien en présence d'une distance sur l'ensemble des parties d'un espace (métrique), qui devient lui-même métrique.

Notons que la distance de Hausdorff (définie sur les ensembles) utilise une distance définie sur les éléments. Dans le cas où les deux ensembles sont des singletons, la distance

---

1. Notons que le lien simple, qui définit la distance entre deux ensembles comme étant le minimum des distances de deux éléments pris chacun dans un des ensembles, ne vérifie pas cette condition

de Hausdorff et la distance « de base » coïncident.

Etant donné deux modèles 3D P et Q dont les vecteurs descripteurs sont $X^P = \{X_1^P, \ldots, X_i^P, \ldots, X_N^P\}$ et $X^Q = \{X_1^Q, \ldots, X_i^Q, \ldots, X_N^Q\}$ respectivement, où N est le cardinal de l'ensemble CLI, qui le même pour tous les modèles de la base. la similarité entre ces deux objets est mesurée par la fonction SIM, définie sur l'ensemble des modèles 3D noté E_M par :

$$
\begin{aligned}
SIM \quad : \quad & E_M^2 \longrightarrow \;]0,1] \\
& (P,Q) \longmapsto \; SIM(P,Q)
\end{aligned}
$$

où

$$
SIM(P,Q) := \frac{1}{1 + d_H(X^P, X^Q)}
$$

et

$$
d_H(X^P, X^Q) = \max \left\{ \max_{1 \le i \le N} \min_{1 \le j \le N} d_2(X_i^P, X_j^Q); \; \max_{1 \le i \le N} \min_{1 \le j \le N} d_2(X_i^Q, X_j^P) \right\}
$$

avec d_2 est la norme L_2 définie dans 2.15. Ce qui nous donne :

$$
d_2(X_i^P, X_j^Q) = \sqrt{\sum_{k=1}^{7} \mid X_{ik}^P - X_{jk}^Q \mid^2}
$$

Deux objets sont supposés très similaires lorsque la fonction SIM prend une valeur proche de 1 et dissimilaires lorsque sa valeur proche de 0.

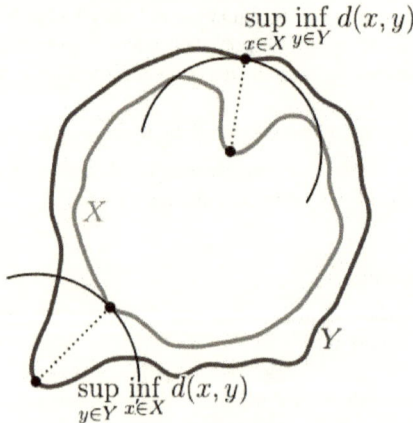

FIGURE 5.8 – Un exemple de calcul de distance entre deux ensembles infinis X et Y

5.4 Expérimentations et résultats

5.4.1 Bases de données utilisées

Les différentes expérimentations réalisées au cours de ce chapitre ont été faites sur des bases de tests extraites des bases suivantes :
- la base NTU "National Taiwan University" [Chen *et al.* 2003] ;
- la base PSB "Princeton Shape Benchmark" [Shilane *et al.* 2004].

- Base NTU

La base NTU d'objets 3D fournit des modèles 3D a pour but l'indexation, la recherche, la classification et l'analyses d'objets 3D. Cette base contient 10911 modèles qui sont téléchargées librement d'internet. Touts les modèles sont convertis dans le format de fichier Wavefront (.obj) et pour chacun est associée une image miniature. La figure 5.9 représente quelques modèles de cette base.

FIGURE 5.9 – Quelques modèles de la base NTU.

- Base Princeton Shape Benchmark

La base Princeton Shape Benchmark est une base de modèles 3D mise à disposition sur le Web par l'équipe du *"Princeton Shape Retrieval and Analysis Group"*, pour que la communauté évalue leurs algorithmes d'indexation 3D sur une même base d'objets 3D. La base de données de Princeton contient 1814 modèles groupés dans les classes sémantiques de haut-niveaux où les objets d'une même classe sont hétérogènes. Par exemple, une classe des tables contient les modèles 3D, qui représentent des tables de formes très différentes mais avec la même sémantique figure 5.10. Les classes sont de tailles inégales, la plus petite contient 4 modèles, alors que la plus grande en comporte 50.

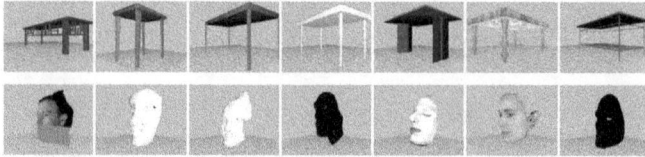

FIGURE 5.10 – Exemple de classes de modèles 3D de la base Princeton Shape Benchmark,première ligne : classe "table", deuxième ligne : classe "visage".

5.4.2 Résultats

Dans cette section, nous comparons la méthode que nous avons proposé avec deux autres méthodes d'indexation 3D afin de mettre en évidence son efficacité. Le nombre d'éléments de l'ensemble *CLI* est le même pour tous objets 3D, il est fixé en 40 image ($N = 40$). Deux bases de test ont été crées, l'une a été extraite à partir de la base NTU et l'autre de la base PSB. Il ressort de nos tests que notre approche est la plus efficace pour retrouver les classes d'objets 3D similaires, et retourne les résultats les plus intuitivement homogènes. Nous avons développé une application en Visual C++ permettant à l'utilisateur d'interroger une grande base de formes à travers une interface graphique conviviale.

5.4.2.1 Résultats obtenus avec la base NTU

Nous avons testé notre méthode [Lakehal & El-Beqqali 2011] en utilisant une base composée de 321 modèles 3D répartie en 25 classes extraites de la base NTU. La Figure 5.11 montre les représentants de quelques classes.

De chaque modèle 3D de la base, nous avons extrait 300 images de niveau (images binaires) pour construire l'ensemble *LI*, puis on a réduit ce nombre à 40 images de niveau caractéristiques. La Figure 5.12 représente deux modèles 3D ainsi que leur ensembles *CLI* par l'utilisation du K-*means* en fixons K à 40.

La recherche par similarité que nous avons adoptée pour nos expériences est la recherche des k-plus proches voisins. La Figure 5.13 montre quelques objets requête et leurs cinq premiers modèles supposés similaires par le système de recherche.

Pour une analyse plus fine des performances, une étude en termes de courbe rappel/précision sera présentée. Nous comparons notre méthode avec deux autres méthodes très connus, le descripteur de moments de Zernike 3D (*cf.* 3.5.3.2.4), et le descripteur de moments invariants de surfaces en utilisant six invariants (*cf.* 3.5.3.2.3). Chaque modèle de la base a été utilisé comme une requête, nous calculons la moyenne des valeurs des rappels et de précisions pour tracer la courbe présentée dans la Figure 5.14. La courbe associe à notre descripteur est en couleur jaune, qui est au dessus de l'autres courbes, ce qui montre la robustesse de la méthode proposé face aux deux autres méthodes.

5.4.2.2   Résultats obtenus avec la base PSB

L'expérimentation que nous avons menée [Lakehal & El-Beqqali 2012c], compare la robustesse du descripteur proposé et les deux descripteurs discutés dans le paragraphe précédent. Les tests ont été réalisés sur la base d'objets PSB de 382 objets représentent 25 classes Figure 5.15.

Pour tester notre descripteur nous avons utilisé la base citée extraite de la base PSB comme nous avons mentionné avant, la méthode *X-means* a été introduite pour extraire l'ensemble *CLI* de chaque model. La performance du système à été estimée par plusieurs tests. La Figure 5.16 représente la moyenne des courbes rappel-précision qui correspondent aux résultats de la recherche de tous les objets de la base comme requête. La courbe rappel-précision de la méthode proposée ainsi que la méthode utilise les moments de surface invariants et celle basée sur les moments de Zernike 3D, montre l'efficacité de recherche en terme de précision de notre descripteur.

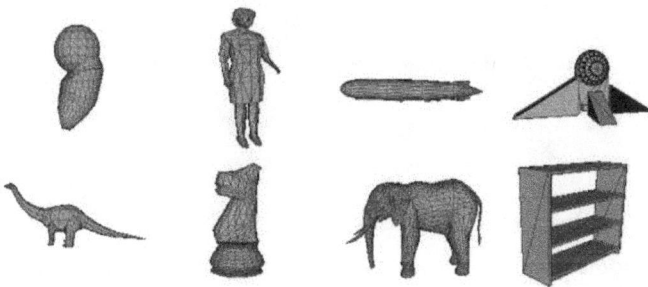

FIGURE 5.11 – Les représentants de quelques classes de la base de test

(a)   (b)

(c)   (d)

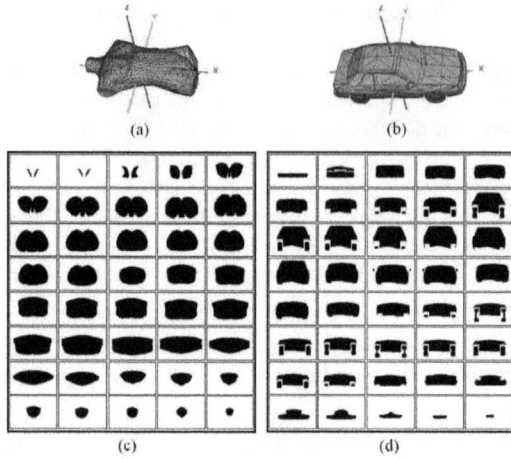

FIGURE 5.12 – Extractions de l'ensemble *CLI* : (a) et (b) les modèles 3D , (c) et (d)
leurs ensembles *CLI* en utilisant le K-means

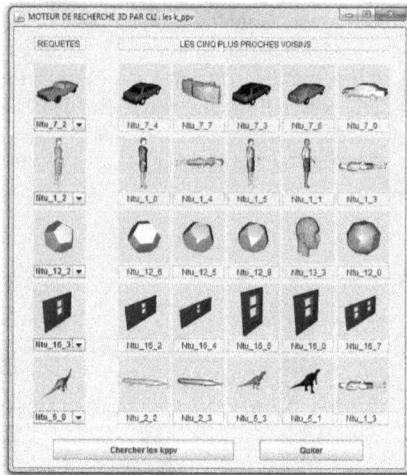

FIGURE 5.13 – Le modèle 3D requête et les 5 plus proches voisins

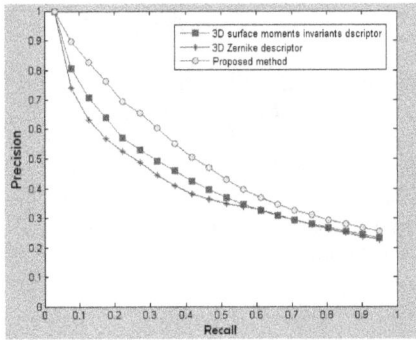

FIGURE 5.14 – La courbe rappel-précision. La représentation caractérise l'efficacité de la méthode à retrouver les classes.

5.4.3 Amélioration du descripteur proposé

Nous avons eu un problème à l'étape de la recherche dans la base de données, c'était la fausse similarité qu'il été remarquée pour certains objets requêtes. Deux modèles peuvent être supposés similaires par le système de recherche suivant une direction, alors qu'ils ne sont pas par la vision humain. Prenons par exemple la Figure 5.17, les images extraites suivant la direction (ox) sont (c) et (e), les vecteurs descripteurs associes sont presque

FIGURE 5.15 – Les représentants des classes constituent la base de test extraire de la base PSB

identiques. Alors les modèles (a) et (b) sont supposés similaires, ce qui n'est pas le cas.

La topologie de la surface qui représente le modèle 3D se varie d'un objet 3D à l'autre. Il y a des modèles où leurs surfaces externes portent plus d'informations géométriques (concavité, convexité...) par rapport aux autres, ce qui pose un problème de l'adaptation du nombre d'éléments de l'ensemble CLI pour chaque model séparément. Nous voulons adapter le nombre des images caractéristiques de niveaux à la complexité géométrique de l'objet 3D, pour trouver un bon compromis entre la vitesse d'exécution, la taille du descripteur et la bonne représentation.

La résolution de ces deux problèmes a rendu notre descripteur plus robuste face à ce genre de problèmes est plus efficace pour l'indexation et la recherche dans les bases d'objets 3D. Cette version améliorée est proposé dans [Lakehal & El-Beqqali 2012a].

Le problème de fausse similarité peut être résolu en ajoutant une autre direction dans l'étape de l'extraction de l'ensemble LI. Dans la version précédente de notre descripteur, nous avons choisi la direction (ox) au quelle les plans d'images extraites sont perpendiculaires. Cette direction correspond à la direction principale associe à la grande valeur propre de la matrice de covariance, la direction (oy) associe à la plus grande valeur propre qui reste parmi les deux valeurs sera choisie. L'ensemble LI est maintenant extraite suivant les deux directions (ox) et (oy). Comme montre la Figure 5.17 le deux modèles (a) et (b) peuvent maintenant supposés dissimilaires lorsqu'on introduit la direction (oy). Les

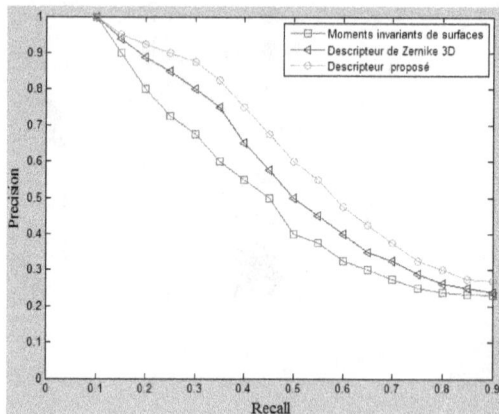

FIGURE 5.16 – Courbe rappel-précision pour les trois méthodes

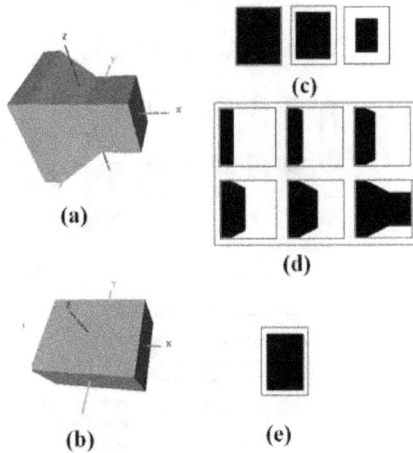

FIGURE 5.17 – (a) et (b) deux modèles 3D. (c) et (e) leurs ensembles CLI suivant la direction (ox).

images extraites pour le model (a) suivant (oy) présentées par (d) sont dissimilaires aux celles extraites de l'autre représentées par (e).

La Figure 5.18 représente deux modèles, chacun dans son repère canonique, le model éléphant en (a) et le model voiture en (b) et leurs images *CLI*. Leurs images extraites suivant l'axe (ox) sont respectivement en (c) et (e), et suivant l'axe (oy) sont respectivement en (d) et (f).

La méthode la plus utilisée pour la classification des éléments d'un ensemble est l'algorithme des K-*means*, Annexe C.1. Son intérêt réside dans sa simplicité et sa convergence vers un minima locale. Par contre, l'inconvénient de cette méthode est l'obligation du choix a priori du nombre de classes K. Nous voulons adapter le nombre des images caractéristiques de niveaux à la complexité géométrique de l'objet 3D, pour trouver un bon compromis entre la vitesse d'exécution, la taille du descripteur et la bonne représentation.

Pour résoudre ce problème les auteurs dans [Pelleg & Moore 2002] ont proposé la méthode X-*means*, c'est une dérivée de K-*means*, au lieu de choisir un nombre apriori de nombre d'images de l'ensemble CLI, nous choisissons un intervalle où le nombre optimale d'éléments de CLI pourra être choisi. Le principe de cette méthode est expliqué dans l'Annexe C.2.1. La procédure suivie pour chercher les images de niveaux caractéristiques

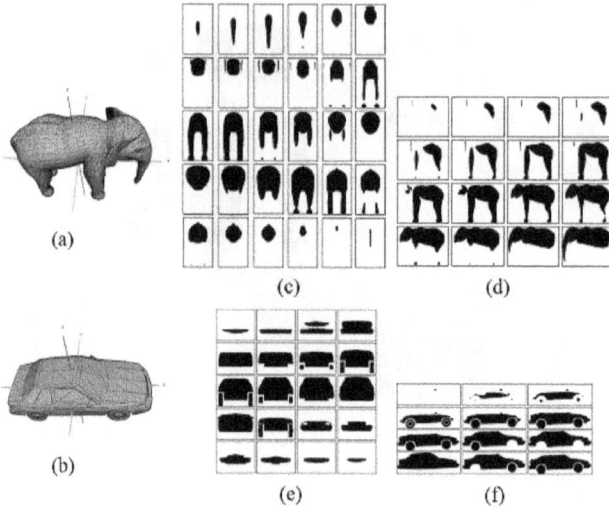

FIGURE 5.18 – Deux modèles 3D et leurs ensembles *CLI* extraites suivant les deux axes *(ox)* et *(oy)*.

est donnée par l'Algorithme 5.

- **Données** : *Nombre d'éléments de* CLI $K = 2$.
- **Résultats** : *La sélection de l'ensemble* CLI *et son cardinal.*
Tant que ($K < 40$ et il y a de naissance de nouveau image caractéristique) **faire**

    Pour tout les classes d'images **faire**

        Choisir les deux images les plus éloignées dans la classe.

        Appliquer l'algorithme des K-*means* sur le groupe (avec $K = 2$).

        Choisir le modèle de représentation avec le plus grand score BIC (entre l'utilisation de l'image caractéristique originale ou les deux nouvelles).

    Fin Pour

Fait

Algorithme 5: Sélection d'images de niveaux caractéristiques

La Figure 5.19 montre l'ensemble *CLI* suivant la direction *(ox)* de deux modèles en utilisant la méthode X-*means*. On peut constater que le modèle voiture représenté par 31 images de niveau caractéristiques, alors que le modèle placard représenté seulement par 3, ce qui réduit le temps d'extraction de vecteurs descripteurs et de recherche dans la base de donnés.

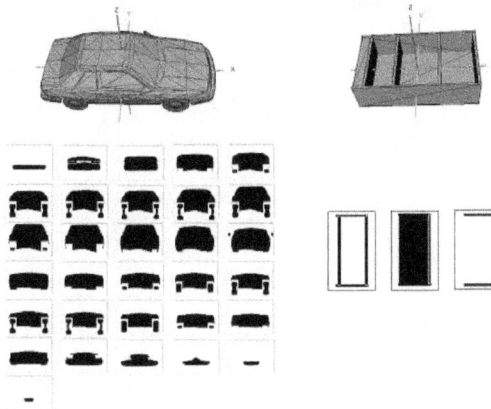

FIGURE 5.19 – Deux modèles 3D et leurs ensembles *CLI* extraites en utilisant la méthode X-*means*

Pour montrer la supériorité de la version amélioré du descripteur d'objet tridimensionnel [Lakehal & El-Beqqali 2012a][Lakehal & El-Beqqali 2012b], nous avons extrait une base de test à partir de la base NTU, formée par 119 modèles sémantiquement classifiés dans 20 classes représentés dans la Figure 5.20.

Chaque modèle de la base de test a été pris comme requête, la Figure 5.21 représente quelques requêtes avec les cinq premiers modèles retrouvés par le system. La courbe rappel-précision représenté dans la Figure 5.22, montre que la version amélioré n'a pas connu une grande progréssion par rapport à l'ancienne en ce qui concerne la recherche des modèles similaires à la requête. Alors que la supériorité de cette version est vue dans la réduction de temps de la recherche. Pour réalisé ce test nous avons utilisé PC Pentium 4 de mémoire de RAM 1G, plate-forme Windows, nous avons calculé le temps de réponse pour toutes les requêtes en utilisant les deux versions de descripteurs, le Tableau 5.2 donne le temps moyen et le total pour chaque version. Nous pouvons constaté le gain au niveau de temps de recherche, ce qui est un facteur important pour l'utilisateur.

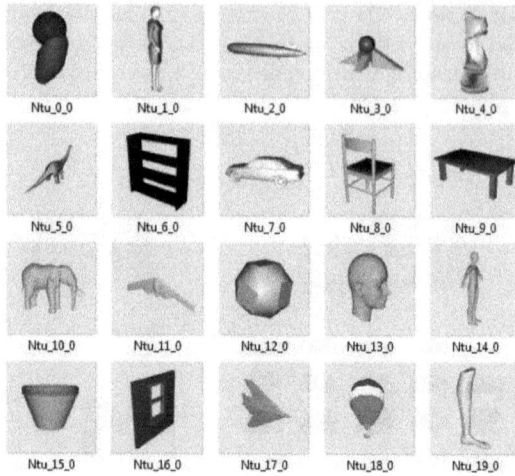

FIGURE 5.20 – Les représentants de la base de test extraite de la base NTU

	le descripteur proposé avec K-means	le descripteur proposé avec X-means
Temps moyen pour chaque requête (ms)	4702	3407
Temps total pour tout la base (ms)	559538	405433

TABLE 5.2 – Temps moyen de la recherche dans la base

5.5 Conclusion

Dans ce chapitre, nous avons abordé la problématique de comparaison d'objets 3D, visant des applications par similarité de forme. Nous avons proposé un descripteur basé sur des images binaires appelées les images caractéristiques de niveaux, une normalisation de l'objet est nécessaire pour résoudre le problème de non invariance aux transformations affines. Un ensemble d'images binaires ont été extraites par l'intersection du modèle 3D à indexer avec un ensemble des plans parallèles entre eux. Le nombre de ces images est relativement grand, pour cela nous avons utilisé une méthode de classification (X-means) pour le réduire. Puis, nous avons fait l'appel d'un descripteur d'images binaires (descripteur de moments de Hu) pour construire les vecteurs descripteurs du modèle 3D. En outre, une mesure de similarité associée aux signatures est également proposée. Des

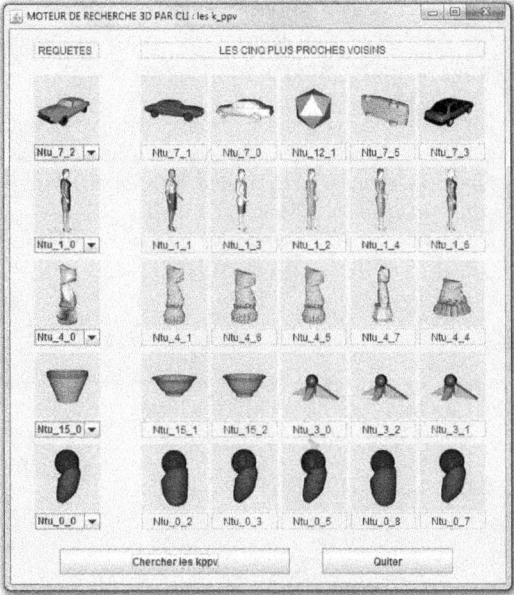

FIGURE 5.21 – Quelques requêtes et leurs cinq modèles les plus similaires retrouvés

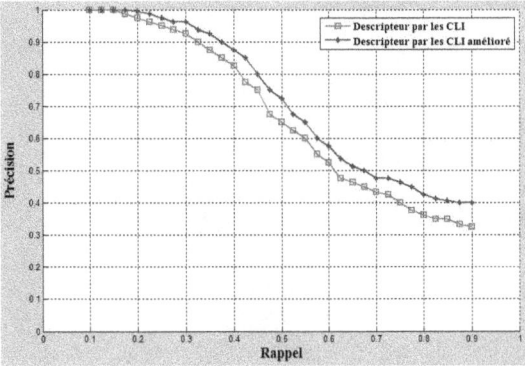

FIGURE 5.22 – Les courbes rappel-précision du descripteur basé sur l'ensemble *CLI* et sa version améliorée

problèmes rencontrés pour ce descripteur concernant la fausse similarité pour des types spécifiques d'objets, et le problème de redondant concernant les images de l'ensemble LI, ont étés résolus dans la version amélioré du descripteur.

Nous avons fait l'étude et l'évaluation de la performance de deux versions de l'approche proposée et la comparaison à d'autres approches, en utilisant deux bases de modèles 3D, la base Princeton Shape Benchmark (PSB) et la base de National Taiwan University NTU. Ainsi les courbes rappel-précision ont été utilisées pour les études comparatives avec le descripteur de Zernike 3D et le descripteur de moments de surfaces, les résultats sont prometteurs.

CHAPITRE 6

Conclusion et perspectives

Conclusion générale

Dans ce mémoire, nous avons exposé les travaux réalisés au cours des années de recherche. Deux problèmes ont été abordés, l'indexation et la recherche dans les bases de formes bidimensionnelles ainsi que dans les bases d'objets tridimensionnels.

Dans un premier temps, un état de l'art pour l'indexation et la recherche de formes 2D est présenté dans le chapitre 1. La description de l'image peut être réalisé par deux chemins différents, soit par les descripteurs haut niveau qui décrivent le contenu sémantique, soit par les descripteurs bas niveau utilisant le contenu de l'image comme le texture, la couleur ou la forme. Nous avons dressé un ensemble, le plus exhaustif possible, des descripteurs proposés dans la littérature qui utilisent les formes d'objets existent au sein l'image pour la décrire. Les descripteurs basés sur la forme, eux même peuvent être se divisent en deux catégories, les descripteurs basé région et les descripteurs basé conteur. Plusieurs approche ont été présenté, pour l'approche basé conteur, il y a la représentation CSS [Mokhtarian & Mackworth 1988][Mokhtarian & Mackworth 1992], et les approches utilisant les moments, ils sont rebussent est ne sont pas affectés par le bruit comme les méthodes globales utilisant le signature de forme [Yadava *et al.* 2007] [Davies 1997]. Ainsi, un bref sur la mesure de similarité entre objets et les fonctions distances les plus utilisées pour calculer la distance entre les vecteurs descripteurs est présenté dans ce chapitre.

Dans le chapitre 2 nous avons présenté un état de l'art pour l'indexation d'objets 3D. En commençant par les mécanismes d'acquisition d'un modèle tridimensionnel et leurs types de représentation. Puis, nous avons donnée dans un tableau les bases d'objets 3D les plus connus suivant les catégories et les domaines d'utilisation existent. De nombreux descripteurs de forme 3D basés sur le contenu sont existent dans la littérature, ils sont classifiés en général en quatre approches : l'approche statistique, l'approche structurelle, l'approche par transformées, et l'approche par vues. La plus part des ces méthodes d'indexation ne sont pas invariantes par rapport au changement d'échelle, à la translation et à la rotation. Pour s'affranchir de ces problèmes et rendre les descripteurs invariants à ces transformations, nous présenté la méthode la plus utilisé dans ce contexte, c'est l'Analyse en Composantes Principales (APC continue) d'une manière plus détaillé de ce chapitre.

Nous contributions sont présentés dans les chapitres 3 et 4. Nous avons proposé deux descripteurs de formes 2D dans le chapitre 3. Le premier, utilisant une paramétrisation dans l'espace euclidien. Ce descripteur qui appartient à l'approche basé contour, utilisant la courbure euclidien pour déterminer les points d'inflexion, à partir de lesquelles en extrayant trois vecteurs descripteurs : le vecteur distance, le vecteur courbure et le vecteur surface. Le deuxième descripteur est défini dans l'espace affine, en utilisant l'abscisse affine normalisé. Il est invariant au groupe de transformations affines. Une mesure de similarité entre formes a été définie en utilisant la distance Euclidienne. Pour monter l'efficacité de notre descripteurs, plusieurs expérimentation ont été effectues, en utilisant deux bases très connues, c'est la base MCD et la baes MPEG7, ainsi des bases sont construites à partir de ces deux bases par un groupe de transformations affines, pour tester le descripteur dans l'espace affine, les résultats sont très satisfaisant pour les deux descripteurs. Nous avons fait une étude comparative avec deux autre descripteurs basé contour, qui sont très connus, c'est le descripteur de Fourier et le descripteur utilisant les moments géométriques (moments de périmètre), le courbe moyen rappel -précision montre la supériorité de notre descripteur.

Le dernier chapitre concernant les descripteurs que nous avons proposé pour l'indexation et la recherche dans les bases d'objets 3D. Pour décrire un objet, nous avons utilisé un ensemble d'images binaires qui s'appel " images de niveau " noté LI (level Images), prisent par l'intersection du model 3D avec un ensemble de plans parallèles qui suivent une direction donnée. La normalisation d'objet est une étape nécessaire avant l'extraction d'images, pour cela nous avons utilisé la version continue de l'Analyse en Composant Principale pour pallier le problème de l'invariance. Le cardinal de l'ensemble LI est souvent grand (> 300), pour minimiser le temps de calcul nous avons utilisé la méthode de K-means pour réduire la taille de l'ensemble LI, un nouveau ensemble est construit qui contient que les images de niveau les plus caractéristiques noté CLI. Un descripteur d'images binaires a été utilisé pour l'ensemble CLI. Une fonction de mesure de similarité entre objets a été définie par le biais de la distance de Hausdorff. La mesure de similarité entre objets revient alors à calculer la distance de Hausdorff entre les vecteurs descripteurs qu'ils représentent. Pour la phase de l'expérimentation, nous avons utilisé la base d'objets 3D NTU qui contient plus de 9000 modèle et ainsi que la base Princeton Shape Benchmark PSB. Plusieurs teste ont été effectué montre la performance de descripteur proposé. Nous avons même fait une étude comparative avec notre méthode et deux descripteurs très connus, le descripteur de Zernike 3D et le descripteur des moments invariants de surface 3D, la courbe rappel-précision de ces trois méthode montre la supériorité de notre descripteur.

Pour éviter le problème de redondance et même gagner un peut de temps au niveau de calcul, la méthode de $X\text{-}means$ a été introduite pour extraire l'ensemble CLI. Nous avons présenté un tableau représentant le temps de réponse pour la méthode utilisant le

K-means et celle utilisant le *X-means* pour toute la base, la version améliorée est plus rapide.

Plusieurs points illustratifs concernant certains question de ce mémoire ont étés présentés dans les Annexes pour plus de détailles. Deux moteurs de recherche sont développés par le langage C++ en utilisant la Visual C++, l'un pour l'indexation et la recherche d'une forme dans une base de donnée 2D, et l'autre pour les bases d'objets 3D.

Perspectives

De nombreuses perspectives peuvent être remarquées dans les travaux proposés dans ce mémoire.

Concernant l'approche 2D il y plusieurs améliorations peuvent être réalisé :

- La première amélioration peut porter sur le choix de la distance et les paramètres de pondération des attributs.

- L'utilisation du descripteur proposé pour l'indexation et la recherche dans une base d'image, en utilisant la segmentation d'image en niveau de gris, puis l'extraction des vecteurs descripteurs des formes qui représentent les objets existent au sein de l'image.

- La fusion de notre descripteurs avec d'autres qui existent dans la littérature pour le rendre plus robuste.

Pour l'approche 3D on peut citer :

- Nous avons utilisé les images de niveau obtenues par l'intersection des plans parallèles suivant la direction (ox), après la normalisation. On peut alors utiliser les images prisent dans les trois directions du repère en même temps.

- Nous pouvons par exemple utiliser d'autres descripteurs d'images 2D pour les images de l'ensemble *CLI*.

- La distance utilisée est celle de *Hausdorff* concernant les ensembles, on peut tester par exemple d'autre distance comme la distance EMD ou d'autre.

Chapitre 2

A.1 La courbure affine

Notons par τ l'abscisse affine, et par u une paramétrisation arbitraire de la courbe représentant la forme. Calculons maintenant les dérivées deuxième et troisième de la variable x par rapport à la variable u : la courbure euclidienne

$$\kappa_a = x^{''}(\tau)y^{'''}(\tau) - x^{'''}(\tau)y^{''}(\tau) \tag{A.1}$$

pour la dérivée première

$$x^{'}(\tau) \;=\; \frac{dx}{d\tau} \tag{A.2}$$

$$=\; \frac{dx}{du}\frac{du}{d\tau} \tag{A.3}$$

pour la dérivée seconde

$$x^{''}(\tau) \;=\; \frac{dx^{'}}{d\tau} \tag{A.4}$$

$$=\; \frac{d}{d\tau}\Big(\frac{dx}{du}\frac{du}{d\tau}\Big) \tag{A.5}$$

$$=\; \frac{d}{d\tau}\Big(\frac{dx}{du}\Big)\frac{du}{d\tau} + \frac{dx}{du}\frac{d}{d\tau}\Big(\frac{du}{d\tau}\Big) \tag{A.6}$$

avec

$$\frac{d}{d\tau}\Big(\frac{dx}{du}\Big) \;=\; \frac{d}{du}\Big(\frac{dx}{du}\Big)\frac{du}{d\tau} \tag{A.7}$$

$$=\; \frac{d^2x}{du^2}\frac{du}{d\tau} \tag{A.8}$$

on remplace cette quantité dans l'équation précédente on trouve la dérivée seconde de x

$$x^{''}(\tau) = \frac{d^2x}{du^2}\Big(\frac{du}{d\tau}\Big)^2 + \frac{dx}{du}\frac{d^2u}{d\tau^2} \tag{A.9}$$

passons maintenant à la dérivée troisième

$$x'''(\tau) = \frac{dx''}{d\tau} \tag{A.10}$$

$$= \frac{d}{d\tau}\left(\frac{d^2}{du^2}\left(\frac{du}{d\tau}\right)^2 + \frac{dx}{du}\frac{du^2}{d\tau^2}\right) \tag{A.11}$$

$$= \frac{d}{d\tau}\left(\frac{d^2}{du^2}\right)\left(\frac{du}{d\tau}\right)^2 + \frac{dx^2}{du^2}\frac{d}{d\tau}\left(\frac{du}{d\tau}\right)^2 + \frac{d}{d\tau}\left(\frac{dx}{du}\right)\frac{d^2u}{d\tau^2} + \frac{dx}{du}\frac{d}{d\tau}\left(\frac{d^2u}{d\tau^2}\right) \tag{A.12}$$

$$= \frac{d^3x}{du^3}\frac{du}{d\tau}\left(\frac{du}{d\tau}\right)^2 + 2.\frac{d^2x}{du^2}\frac{du}{d\tau}\frac{d^2u}{d\tau^2} + \frac{d^2x}{du^2}\frac{du}{d\tau}\frac{d^2}{d\tau^2} + \frac{dx}{du}\frac{d^3u}{d\tau} \tag{A.13}$$

d'où la dérivée troisième de x

$$x'''(\tau) = \frac{d^3x}{du^3}\left(\frac{du}{d\tau}\right)^3 + 3\frac{d^2x}{du^2}\frac{du}{d\tau}\frac{d^2u}{d\tau^2} + \frac{dx}{du}\frac{d^3x}{d\tau^3} \tag{A.14}$$

On trouve les mêmes formules pour la variable y

Pour exprimer les termes de cette équation, on utilisant l'équation 4.24 voir [Matusiak 1997] et [Mokhtarian & Abbasi 2001] alors

$$\frac{d\tau}{du} = (\dot{x}\ddot{y} - \ddot{x}\dot{y})^{\frac{1}{3}}$$

par suit

$$\frac{du}{d\tau} = \frac{1}{(\dot{x}\ddot{y} - \ddot{x}\dot{y})^{\frac{1}{3}}} \tag{A.15}$$

$$\frac{d^2u}{d\tau^2} = \frac{d}{d\tau}\left(\frac{du}{d\tau}\right) \tag{A.16}$$

$$= \frac{d}{d\tau}\left(\frac{dx}{du}\frac{d^2y}{du^2} - \frac{d^2x}{du^2}\frac{dy}{du}\right)^{\frac{-1}{3}} \tag{A.17}$$

$$= -\frac{1}{3}\frac{d}{d\tau}\left(\frac{dx}{du}\frac{d^2y}{du^2} - \frac{d^2x}{du^2}\frac{dy}{du}\right)\left(\frac{dx}{du}\frac{d^2y}{du^2} - \frac{d^2x}{du^2}\frac{dy}{du}\right)^{\frac{-4}{3}} \tag{A.18}$$

$$= -\frac{1}{3}\frac{(\ddot{x}\ddot{y} + \dot{x}\tilde{y} - \tilde{x}\dot{y} - \ddot{x}\ddot{y})\frac{du}{d\tau}}{(\dot{x}\ddot{y} - \ddot{x}\dot{y})^{\frac{4}{3}}} \tag{A.19}$$

$$= \frac{\tilde{x}\dot{y} - \dot{x}\tilde{y}}{3(\dot{x}\ddot{y} - \ddot{x}\dot{y})^{\frac{5}{3}}} \tag{A.20}$$

De la même manière on trouve

$$\frac{d^3u}{d\tau^3} = \frac{3(\dot{x}\dot{y} - \dot{x}\dot{y} - \ddot{x}\tilde{y} + \tilde{x}\ddot{y})(\dot{x}\ddot{y} - \ddot{x}\dot{y}) - 5(\dot{x}\tilde{y} - \tilde{x}\dot{y})^2}{9(\dot{x}\ddot{y} - \ddot{x}\dot{y})} \tag{A.21}$$

Chapitre 3

B.1 Données d'un maillage 3D

Un exemple représentant un modèle 3D, sous forme d'un maillage triangulaire, ainssi que la liste de la géométrie de modèle et celle topologique, aussi bien qu'une visualisation d'un dodecahedron (nombre de sommet = 20, le nombre du triangle = 36) dans la Figure B.1

Les cas possibles pour la quantité F_i^x

$$F_i^x = \begin{cases} J_i^x, & x''_{A_i}, x''_{B_i}, x''_{C_i} \geq 0 \\ J_i^x - 2L_i^x, & x''_{A_i} < 0, x''_{B_i}, x''_{C_i} \geq 0 \\ -J_i^x + 2L_i^x, & x''_{A_i} \geq 0, x''_{B_i}, x''_{C_i} < 0 \\ -J_i^x, & x''_{A_i}, x''_{B_i}, x''_{C_i} < 0 \end{cases} \tag{B.1}$$

Où

$$J_i^x = (x''_{A_i})^2 + (x''_{B_i})^2 + (x''_{C_i})^2 + x''_{A_i} x''_{B_i} + x''_{A_i} x''_{C_i} + x''_{B_i} x''_{C_i}$$

$$L_i^x = \frac{(x''_{A_i})^4}{(x''_{B_i} - x''_{A_i})(x''_{C_i} - x''_{A_i})} \tag{B.2}$$

De la même manière pour F_i^y et F_i^z.

B.2 Descripteur de Zernike 3D

Les quantités q_{kl}^v et e_l^m sont définies comme suit :

$$q_{kl}^v = \frac{(-1)^k}{2^{2k}} \sqrt{\frac{2l + 4k + 3}{3}} \begin{pmatrix} 2k \\ k \end{pmatrix} (-1)^v \frac{\begin{pmatrix} k \\ v \end{pmatrix} \begin{pmatrix} 2(k+l+v)+1 \\ 2k \end{pmatrix}}{\begin{pmatrix} k+l+v \\ k \end{pmatrix}} \tag{B.3}$$

pour un point de $\mathbb{R}^3$ on a :

(a)

p_1	1.21412	0	1.58931
p_2	0.375185	1.1547	1.58931
p_3	-0.982247	0.713644	1.58931
p_4	-0.982247	-0.713644	1.58931
p_5	0.375185	-1.1547	1.58931
p_6	1.96449	0	0.375185
p_7	0.607062	1.86835	0.375185
p_8	-1.58931	1.1547	0.375185
p_9	-1.58931	-1.1547	0.375185
p_{10}	0.607062	-1.86835	0.375185
p_{11}	1.58931	1.1547	-0.375185
p_{12}	-0.607062	1.86835	-0.375185
p_{13}	-1.96449	0	-0.375185
p_{14}	-0.607062	-1.86835	-0.375185
p_{15}	1.58931	-1.1547	-0.375185
p_{16}	0.982247	0.713644	-1.58931
p_{17}	-0.375185	1.1547	-1.58931
p_{18}	-1.21412	0	-1.58931
p_{19}	-0.375185	-1.1547	-1.58931
p_{20}	0.982247	-0.713644	-1.58931

(b)

T_1	0	1	2	T_{19}	15	10	5
T_2	0	2	3	T_{20}	15	5	14
T_3	0	3	4	T_{21}	15	14	19
T_4	0	5	10	T_{22}	16	11	6
T_5	0	10	6	T_{23}	16	6	10
T_6	0	6	1	T_{24}	16	10	15
T_7	1	6	11	T_{25}	17	12	7
T_8	1	11	7	T_{26}	17	7	11
T_9	1	7	2	T_{27}	17	11	16
T_{10}	2	7	12	T_{28}	18	13	8
T_{11}	2	12	8	T_{29}	18	8	12
T_{12}	2	8	3	T_{30}	18	12	17
T_{13}	3	8	13	T_{31}	19	14	9
T_{14}	3	13	9	T_{32}	19	9	13
T_{15}	3	9	4	T_{33}	19	13	18
T_{16}	4	9	14	T_{34}	19	18	17
T_{17}	4	14	5	T_{35}	19	17	16
T_{18}	4	5	0	T_{36}	19	16	15

(c)

FIGURE B.1 – (a) : Modèle 3D d'un dodecahedron. (b) : la liste géométrique, (c) la liste topologique

$$e_l^m(p) = c_l^m r^l \left(\frac{ix - y}{2}\right)^m z^{l-m} \sum_{\mu=0}^{\lfloor \frac{l-m}{2} \rfloor} \binom{l}{\mu} \binom{l-\mu}{l+\mu} \left(-\frac{x^2+y^2}{4z^2}\right)^\mu \qquad \text{(B.4)}$$

où c_l^m est le facteur de normalisation :

$$c_l^m = c_l^{-m} \frac{\sqrt{(2l+1)(l+m)!(l-m)!}}{l!} \qquad \text{(B.5)}$$

La combinaison linéaire se fait grâce à la fonction χ_{nlm}^{rst} selon la formule :

$$\begin{aligned}
\chi_{nlm}^{rst} &= c_l^m \sum_{v=0}^{k} q_{kl}^v \\
&\cdot \sum_{\alpha=0}^{v} \binom{v}{\alpha} \sum_{\beta=0}^{v-\alpha} \binom{v-\alpha}{\beta} \\
&\cdot \sum_{u=0}^{m} (-1)^{m-u} \binom{m}{u} i^u \\
&\cdot \sum_{\mu=0}^{\frac{\lfloor l-m \rfloor}{2}} (-1)^\mu 2^{-2\mu} \binom{l}{\mu} \binom{l-\mu}{m+\mu} \\
&\cdot \sum_{v=0}^{\mu} \binom{v}{\mu}
\end{aligned}$$

B.3   Boîtes englobantes

Définition. 7 *La boite englobante (Bounding Box BB) d'un modèle I 3.1 c'est la plus petite boîte englobant l'objet dont les faces sont inclus dans les plans définis par les équations $x = x_1$, $x = x_2$, $y = y_1$, $y = y_2$, $z = z_1$ et $z = z_2$. L'ensemble des sommets de la boite sont définis par :*

$$\{(x,y,z) \mid x \in \{x_1, x_2\}, y \in \{y_1, y_2\}, z \in \{z_1, z_2\}, \},$$

où

$$x_1 = \min_{1 \leq i \leq N_p} x_i, \quad y_1 = \min_{1 \leq i \leq N_p} y_i, \quad z_1 = \min_{1 \leq i \leq N_p} z_i$$

$$x_2 = \max_{1 \leq i \leq N_p} x_i, \quad y_2 = \max_{1 \leq i \leq N_p} y_i, \quad z_2 = \max_{1 \leq i \leq N_p} z_i$$

$(x_i, y_i, z_i) \in P$ 3.2, $1 \leq i \leq N_p$ étant les sommets de l'objet.

Définition. 8 *La boîte englobante étendue (Extended Bounding Box EBB) d'un objet définie par l'ensemble des sommets :*

$$\{(x,y,z) \mid x \in \{c_x - w, c_x + w\}, y \in \{c_y - w, c_y + w\}, z \in \{c_z - w, c_z + w\}\},$$

$$a = \max\left\{\frac{x_2 - x_1}{2}, \frac{y_2 - y_1}{2}, \frac{z_2 - z_1}{2}\right\}$$

$$c_x = \frac{x_2 + x_1}{2}, \ c_y = \frac{y_2 + y_1}{2}, \ c_z = \frac{z_2 + z_1}{2}$$

où x_2 ,x_1, y_2, y_1, z_2 et z_1 sont donnés par la définition 7.

Définition. 9 *Le cube canonique englobant (Canonical Bounding Cube CBC) d'un objet défini par l'ensemble des sommets :*

$$\{(x,y,z) \mid x,y,z \in \{-\delta_{max}, \delta_{max}\},$$

$$\delta_{max} = \max\left\{\max_{1 \le i \le N_p} |x_i|, \max_{1 \le i \le N_p} |y_i|, \max_{1 \le i \le N_p} |z_i|\right\}$$

$p_i = (x_i, y_i, z_i) \in P$ 3.2, $1 \le i \le N_p$ étant les sommets de l'objet.

Définition. 10 *Le cube canonique (Canonical cube CC) d'un objet définie par l'ensemble des sommets :*

$$\{(x,y,z) \mid x,y,z \in \{-a,a\}\},$$

a *est donnée par la définition 8.*

Chapitre 4

C.1   Les k-moyennes

L'algorithme des *k-moyennes*, également appelé algorithme des *nuées dynamiques*, (en anglais *k-means*)[Macqueen 1967][Duda & Hart 1973][Hartigan & Wong 1979] [Kanungo *et al.* 2002] est une extension des centres mobiles [Forgy 1965]. C'est un algorithme couramment utilisé en analyse de données. Il permet de partitionner une collection d'objets en K classes, K étant un nombre fixé par l'utilisateur. On supposera dans la suite que nos objets o_j $(1 \leq j \leq N)$ peuvent être représentés sous forme de vecteurs. L'algorithme des k-moyennes se déroule de la façon suivante :

1. Choisir K objets au hasard parmi les objets de la collection. Soient $(R_1, ..., R_K)$ les objets ainsi obtenus. $\{R_1, ..., R_K\}$ sont les représentants de K classes $\{C_1, ..., C_K\}$ qui sont pour l'instant vides.

2. Affecter chaque objet de la collection à l'une des classes en fonction du représentant le plus proche :

$$argmin_{1 \leq k \leq K} d(o_j, R_k) \qquad (C.1)$$

où d est une distance ou une similarité entre objets.

3. Calculer de nouveaux représentants pour les classes. Ces nouveaux représentants correspondent à la moyenne des objets de la classe :

$$\forall k, 1 \leq k \leq K, \quad R_k = \frac{1}{|C_k|} \sum_{o_j \in C_k} o_j \qquad (C.2)$$

4. Retourner en 2 tant que la différence $\Delta(R)$ entre les anciens et les nouveaux représentants est supérieure à un seuil ε fixé (et arbitrairement petit).

- **Données** :L'ensemble des individus I, le nombre de classes N, une distance d ;
- **Résultat** :La classe d'appartenance de chaque individu et l'ensemble des classes C

Pour tous les $c \in C$ **faire**

    | Affecter aléatoirement le barycentre b_c ;

Fin Pour
Répéter

    Pour tous les $x \in I$ **faire**   ;

        Affecter x à la classe c tel que $min_{c \in C} d(b_c, x)$;

        Recalculer b_c ;

    Fin Pour

jusqu'à ce que (l'on ne change plus d'individus de classe ;)

Algorithme 6: K-moyennes (K-means)

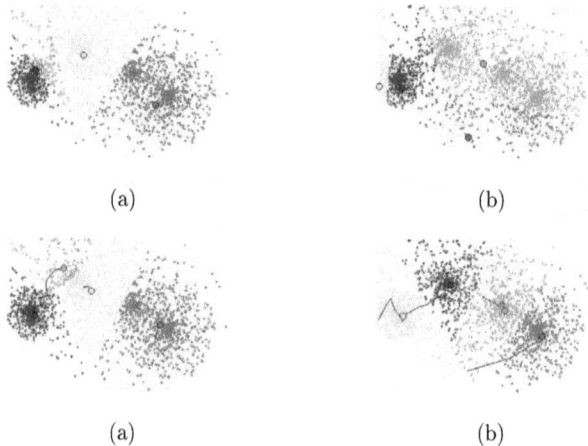

(a)   (b)

(a)   (b)

FIGURE C.1 – Illustration des différents résultats qui produisent la méthode des k-*moyennes* sur une même population en fonction de l'initialisation. (a) et (b) deux initialisations diff'rentes, (c) et (d) les résultats différents engendrés. On peut remarquer que les barycentres et les classes sont totalement différents [Thibault 2009]

C.2 La méthode X-*means*

C.2.1 La méthode X-*means*

Pour initialiser notre algorithme, nous commençons par designer deux images aléatoirement comme images caractéristiques de niveaux, ensuite nous déroulons l'algorithme des K-*means* (K = 2). Le centre du groupe est l'image caractéristique. Pour ajouter de nouvelles images caractéristiques, nous nous inspirons de l'idée de X-means [Pelleg & Moore 2002]. Tout d'abord, pour chaque groupe d'images représenté par une images caractéristique de niveau (en couleur rouge) Figure C.2(a) nous choisissons les deux images les plus éloignées dans cette classe (couleur verte) Figure C.2(b), et nous déroulons un algorithme de 2-*means* local avec comme vues de départ la paire d'images les plus éloignées choisie.

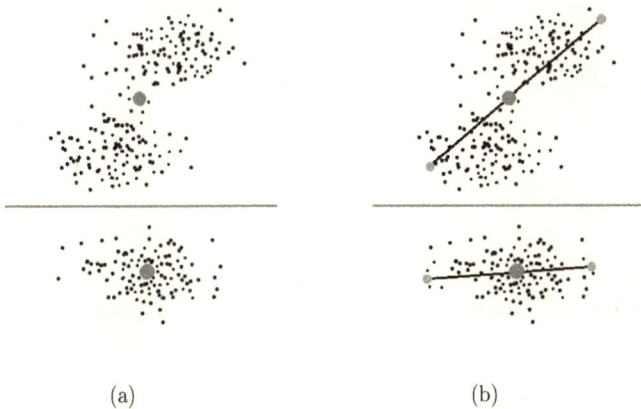

(a)   (b)

FIGURE C.2 – (a) : résultat de K-*means* local avec (k=2). (b) : chaque centre se devise en deux fils

Une fois que l'algorithme a designé deux nouvelles images caractéristique (La nouvelle image caractéristique est située sur l'extrémité du segment dont l'ancienne en verte est située sur l'autre extrémité FigureC.3(a)), une question se pose : est-ce que les deux nouvelles vues caractéristiques représentent mieux ce groupe de vues que la vue caractéristique originale seule ? Pour répondre à cette question, nous utilisons le critère informationnel BIC (Bayesian Information Criteria)[Schwarz 1978] qui nous donne un score de correspondance entre le modèle de représentation (en utilisant une ou deux images caractéristiques)et l'ensemble d'images Figure C.3(b). Plus le score est élevé, meilleure est la représentation.

Selon les résultats du critère BIC, le modèle de représentation (une ou deux images caractéristiques) avec le plus haut score BIC est choisi Figure C.3(c). Nous continuons d'alterner entre la sélection de nouvelles images caractéristiques et le déroulement de l'algorithme des K-*means* jusqu'à ce qu'il n'y a pas de naissance d'une autre image caractéristiques ou la limite supérieure pour le nombre d'images caractéristiques soit atteinte. Pendant ce processus, nous sauvegardons l'ensemble d'images caractéristiques ayant le plus haut score BIC. Cet ensemble ayant le plus grand score BIC sera celui choisi pour représenter le modèle 3D.

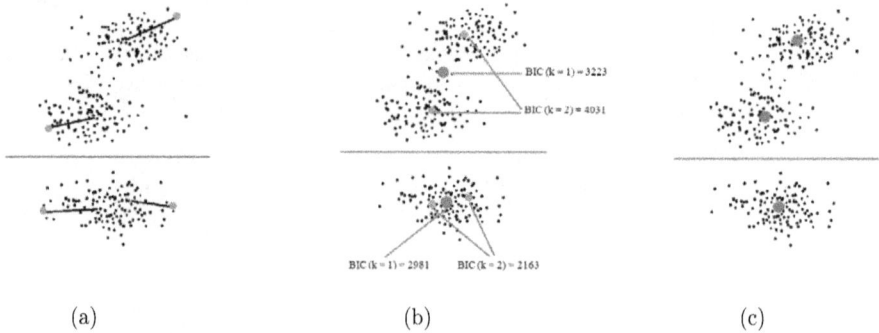

(a)   (b)   (c)

FIGURE C.3 – (a) : La première étape de 2-means parallèle. La sortant de chaque centre montre l'endroit où il se déplace. (b) : Le résultat quand tous le 2-means parallèle finissent. (c) : La naissance de nouvelles centres après les testes par le critère BIC.

C.2.2   Une introduction au critère BIC

Il est bien connu que le critère BIC est une approximation du calcul de la vraisemblance des données conditionnellement au modèle fixé. La construction du critère BIC est basée sur les propositions de Raftery [Raftery 1995]. Ce citère est calculé par la formule de Kass et Wasserman [Kass & Wasserman 1995] suivante :

$$BIC(I_i) = \widehat{l_i}(D) - \frac{p_i}{2} \log(N)$$

Où I_i est la i^{eme} image caractéristique de niveau pour un modèle 3D, p_i est le nombre de paramètre pour cette image (dépend du descripteur 2D utilisé) appelé aussi le critère de Schwarz [Schwarz 1978], $\widehat{l_i}(D)$ c'est le logarithme de vraisemblance de l'ensemble D, correspondant à l'image I_i prise au point qui maximise la vraisemblance et N le cardinal de l'ensemble d'images pour le modèle 3D ($N = |D|$).

Le logarithme de vraisemblance de l'ensemble D est définie comme suit :

$$\widehat{l_j}(D) = \sum_i \left(\log \frac{1}{\sqrt{2\pi}\hat{\sigma}^M} - \frac{1}{2\hat{\sigma}^2}(dist(I_i, I^{c_i}))^2 + \log \frac{N_i}{N} \right)$$

où est une distance Euclidienne entre les moments de Hu pour les deux images I_i et I^{c_i}. Notons par I^{c_i} de l'image caractéristique pour l'image I_i. N_i est le nombre d'images de la classe dont l'image caractéristique est I^{c^i}.

L'estimateur du maximum de vraisemblance est :

$$\hat{\sigma}^2 = \frac{1}{N - K} \sum_i (dist(I_i, I^{c_i}))^2$$

K est le nombre d'images caractéristiques.

Bibliographie

[Abbasi & Mokhtarian 2001] S. Abbasi et F. Mokhtarian. *"Affine-similar shape retrieval : Application to multi-view 3D object recognition"*. IEEE Transactions on Image Processing, Japon, vol. 10, no. 1, pages 131–139, Décembre 2001. 59

[Adan et al. 2001] A. Adan, C. Cerrada et V. Feliu. *"Global shape invariants : a solution for 3D free-form object discrimination/identification problem"*. Pattern Recognition Journal, vol. 34, no. 7, pages 1331–1348, 2001. 49

[Ansary et al. 2004] T. F. Ansary, M. Daoudi et J. P. Vandeborre. *" Bayesian Approach for 3D Models Retrieval Based on Characteristic Views"*. International Conference on Pattern Recognition (ICPR '04),Cambridge, Royaume-Unis, vol. 11, no. 1, pages 898–901, 2004. 61

[Ansary et al. 2005] T. F. Ansary, M. Daoudi et J. P. Vandeborre. *"Third international conference on Advances in Pattern Recognition (ICAPR '05). Springer Verlag, Bath, Royaume-Unis"*. 2005. 61

[Arbter 1989] K. Arbter. *"Affine-Invariant Fourier Descriptors"*. in From Pixels to Features,Amsterdam, the Netherlands : Elsevier Science, 1989. 6

[Arrivault 2006] D. Arrivault. *Apport des Graphes dans la Reconnaissance Non-Contrainte de Caractères Manuscrits Anciens*. PhD thesis, L'Univérsité de Poitiers, 2006. vii, 10

[Attali & Boissonnat 2002] D. Attali et J. D. Boissonnat. *"Approximation of the medial axis"*. In Technical report ECG-TR-12403, INRIA Sophia-Antipolis, 2002. 51

[Bhandarkar 1994] M. S. Bhandarkar. *"A fuzzy probabilistic model for the generalized Hough transform"*. IEEE Transactions On Systems, Man and Cybernetics, vol. 24, no. 5, pages 745–759, 1994. 54

[Biasotti et al. 2000] S. Biasotti, M. Spagnuolo et B B. Falcidieno. *"Extended reeb graphs for shape analysis and model compression"*. Lecture Notes in Computer Science : Proc. of the 9th International Conference on Discrete Geometry for Computer Imagery, pages 185–197, 2000. 53

[Biasotti et al. 2003] S. Biasotti, S. Marini, M. Mortara, G. Patané, M. Spagnuolo et B B. Falcidieno. *"3d shape matching through topological structures"*. 11th Discrete Geometry for Computer Imagery conference, Springer-Verlag, 2003. 53

[Blum & Nagel 1978] H. Blum et R. N. Nagel. *"Shape Description using Weighted Symmetric Axis Features"*. Pattern Recognition, vol. 10, no. 3, 167-180 1978. 27

[Blum 1967] H. Blum. *" A Transformation for Extracting New Descriptions of Shape"*. Models for the Perception of Speech and Visual Form, pages 362–380, 1967. viii, 26, 50, 51

[Bobick & Davis 1996] A. F. Bobick et J. W. Davis. *"Real-time recognition of activity using temporal templates "*. Workshop on Applications of Computer Vision, pages 39–42, décembre 1996. 24

[Bowyer & Dyer 1990] K. W. Bowyer et C. R. Dyer. *"Aspect graphs : an introduction and survey of recent results "*. International Journal of Imaging Systems and Technology, vol. 28, no. 2, pages 315–328, 1990. 59, 105

[Bribiesca 1999] E. Bribiesca. *" A new chain code "*. Pattern Recognition, vol. 32, no. 2, pages 235–251, février 1999. 23

[Brice & Fennema 1970] C. Brice et C. Fennema. *"Scene analysis using regions "*. Artificial Intelligence, vol. 1, no. 3, 205-266 1970. 22

[Bronnimann *et al.* 2002] H. Bronnimann, J. Iacono, J. Katajainen, P. Morin, J. Morrison et G. Toussaint. *"In-place planar convex hull algorithms "*. In Latin American Theoretical Informatics , LATIN2002, Cancun, Mexico, pages 494–507, 2002. 9

[Bustos *et al.* 2004] B. Bustos, D. A. Keim, T. Schreck et D. Vranic. *" An experimental comparison of featurebased 3D retrieval methods "*. In Second International Symposium on 3D Data Processing, Visualization, and Transmission (3DPVT'04), Thessaloniki, Greece, vol. 2, no. 2, September 2004. 60

[Canterakis 1999] N. Canterakis. *"3D Zernike Moments and Zernike Affine Invariants for 3D Image Analysis and Recognition "*. 11th International Conference on Image Analysis (ICIA'99). Kangerlussuaq, Groenland, 1999. 55, 58

[Chaouch 2009] M. Chaouch. *Recherche par le contenue d'objet 3D*. PhD thesis, L'école Nationale Supérieurs des Télécommunications, 2009. viii, 47, 49

[Chen & OuhYoung 2002] D. Y. Chen et M. OuhYoung. *"A 3d object retrieval system based on multi-resolution reeb graph "*. In Proc. of Computer Graphics Workshop, Tainan, Taiwan, page 16, 2002. 53

[Chen & Stockman 1998] J. L. Chen et G. Stockman. *"Stockman. 3D free-form object recognition using indexing by contour feature "*. Computer Vision and Image Understanding, vol. 71, no. 3, pages 334–355, 1998. 59

[Chen *et al.* 2003] D. Y. Chen, X. P. Tian, Y. T. Shen et Ming Ouhyoung. *"On Visual Similarity Based 3D Model Retrieval "*. Computer Graphics Forum (EUROGRAPHICS'03) http://3d.csie.ntu.edu.tw/., vol. 22, no. 3, pages 223–233, 2003. 39, 111

[Chen 1993] C. C. Chen. *"Improved moment invariants for shape descimination "*. Pattern Recognition, vol. 26, no. 5, pages 683–686, 1993. 20

[Chen 2003] D. Y. Chen. *Three-Dimensional Model Shape Description and Retrieval Based on LightField Descriptors*. PhD thesis, 2003. 61

[Chong *et al.* 2003] C. W. Chong, P. Raveendran et R. Mukundan. *"A comparative analysis of algorithms for fast computation of Zernike moments "*. Pattern Recognition, vol. 36, no. 3, pages 731–742, mars 2003. 26

[Christopher & Kimia 2004] M. Christopher et B. Benjamin A. Kimia. *"similarity-based aspect-graph approach to 3D object recognition"*. International Journal of Computer Vision, vol. 57, no. 1, pages 5–22, 2004. 59, 105

[CMU] CMU. Carnegie Mellon University, Electrical and Computer Engineering. Carnegie Mellon Database.http://amp.ece.cmu.edu/projects/3DModelRetrieval/. 39

[Copson 1968] E. Copson. *"TMetric spaces"*. In Cambridge University Press, 1968. 12

[Davies 1997] E.R. Davies. *"Machine Vision : Theory, Algorithms"*. Practicalities, Academic Press, New York, vol. 171-191, 1997. 20, 123

[Dombre 2003] J. Dombre. *Systèmes de représentation multi-échelles pour l'indexation et la restauration d'archives médiévales couleur*. PhD thesis, Faculté des Sciences Fondamentales et Appliquées, Université de Poitiers, 2003. vii, 23

[Duda & Hart 1973] R. O. Duda et P. E. Hart. Pattern classification and scene analysis http://www.bibsonomy.org/bibtex/1b67a0d8f706c8cec908d83df62d3cf2f. John Willey & Sons, New York, 1973. 133

[Esteban & Schmitt 2004] C. H Esteban et F. Schmitt. *"Silhouette and stereo fusion for 3d object modeling"*. Computer Vision and Image Understanding, Special issue on " Model-based and image-based 3D Scene Representation for Interactive Visualization ", vol. 93, no. 3, pages 367–392, 2004. 31

[Faugeras 1994] O. Faugeras. *"Cartan's Moving Frame Method and its Application to the Geometry and Evolution of Curves in the Euclidean, Affine and Projective Planes"*. Springer-Verlag Lecture Notes in Computer Science, vol. 825, pages 11–46, 1994. 73

[Flickher *et al.* 1995] M. Flickher, H. Sawhney, W. Niblack, J. Ashley, Q. Huang, B. Dom, M. Grkani, J. Hafner, D. Lee, D. Petkovic, D. Steele et P. Yanker. *"Query by Image and Video Content : The QBIC System"*. IEEE Computer, vol. 28, no. 9, September 1995. 19

[Flusser & Suk 1993] J. Flusser et T. Suk. *"Pattern Recognition by Affine Moment Invariants"*. Pattern Recognition, vol. 26, 167-174 1993. 25

[Forgy 1965] E. W. Forgy. *"Cluster analysis of multivariate data : efficiency vs interpretability of classifications"*. Biometrics, vol. 21, pages 768–769, 1965. 133

[Freeman 1961] H. Freeman. *" On the encoding of arbitrary geometric configuration"*. IEEE Transactions on Computers, vol. 10, no. 2, Juin 1961. 22

[Funkhouser *et al.* 2003] T. Funkhouser, P. Min, M. Kazhdan, J. Chen, A. Halderman D. Dobkin et D. Jacobs. *"A search engine for 3D models"*. ACM Transactions on Graphics, vol. 22, no. 1, pages 83–105, 2003. 55

[Gauthier 1991] J. P. Gauthier. *"Motion an Pattern Analysis : Harmonic Analysis on motion Groups and Their homogeneous Spaces"*. IEEE trans. on Man and Cybrnetics, vol. 21, no. 1, Janvier/Fevrier 1991. 6

[GavabDB] GavabDB. Escuela Superior de Ciencias Experimentales y Tecnologia, Gavab Departement of Coputing. Gavab Database. http://gavab.escet.urjc.es/recursos_en.html. 39

[Gevers 2000] T. Gevers. *"Pictoseek : combining shape and color invariant features for image retrieval"*. IEEE transactions on Image Processing, vol. 9, no. 1, pages 102–119, 2000. 19

[Gold & Rangarajan 1996] S. Gold et A. Rangarajan. *"A Graduated Assignment Algorithm for Graph Matching"*. IEEE Transactions on Pattern Analysis and Machine Intelligence (PAMI), vol. 18, no. 4, Avril 1996. 27

[Granlund 1972] G. H. Granlund. *"Fourier Preprocessing for Hand Print Character Recognition"*. IEEE Trans. Computers, vol. 21, no. 2, pages 195–201, 1972. 21

[Hartigan & Wong 1979] J. A. Hartigan et M. A. Wong. *"A K-means clustering algorithm"*. Applied Statistics, vol. 28, no. 1, pages 100–108, 1979. 133

[Hausdorff 1962] F. Hausdorff. "set theory". Chelsea, New York, 1962. 14, 109

[Heczko et al. 2003] M. Heczko, D. A. Keim, D. Saupe, et D. V. Vranic. *" methods for similarity search on 3D databases"*. In 5th ACM SIGMM Workshop on Multimedia Information Retrieval (MIR 2003), Berkeley, Californica, USA, vol. 2, no. 2, pages 54–63, 2003. 60

[Hilaga et al. 2001] M. Hilaga, Y. Shinagawa, T. Kohmura et T. L.Kunii. *"Topology Matching for Fully Automatic Similarity Estimation of 3D Shapes"*. ACM SIGGRAPH, Los Angeles,CA, USA, pages 203–212, Août 2001. viii, 51, 52, 53

[Hu 1962] M. Hu. *" Visual Pattern recognition by moment invariants"*. IEEE Transactions on Information Theory, vol. 8, no. 2, pages 179–187, février 1962. 24

[Hwang et al. 1999] W. S. Hwang, J. J. Weng, M. Fang et J. Qian. *"A Fast Image Retrieval Algorithm with Automatically Extracted Discriminant Features"*. IEEE Workshop on Content-based Access of Image and Video Libraries (CBAIVL), 1999. 18

[IMATI'08] IMATI'08. IMATI-CNR shape modeling group Network of Excellence Project AIM@SHPAE : Sherc'08 stability on Watertight Database. http://shrec.ge.imati.cnr.it/shrec08_stability.html. 39

[IMATIDB] IMATIDB. Network of Excellence Project AIM@SHPAE, IMATI-Ge-CNR Shape Modelling Group. SHREC'07 Watertight Database. http://watertight.ge.imati.cnr.it/. 39

[ITI] ITI. Informatics & Telematics Institute. ITI Database.http://3d-search.iti.gr/3DSearch/index.html. 39

[Jeannim 2001] S. Jeannim. *"MPEG-7 visual pary of expérimentation model, Version 9.0"* dans ISO/IEC JTC1/SC29/WG11/N3914,th Mpeg Meeting.Pisa, Italy. pages 27,29,41, 2001. 13

[Kanungo *et al.* 2002] T. Kanungo, D. M. Mount, N. S. Netanyahu, C. D. Piatko, R. Silverman et A. Y. Wu. *"An efficient k-means clustering algorithm : Analysis and implementation"*. In IEEE Transactions on Pattern Analysis and Machine Intelligence, IEEE Computer Society, Washington, DC, USA, vol. 24, pages 881–892, 2002. 133

[Kass & Wasserman 1995] R. Kass et L Wasserman. *" A reference Bayesian Test for Nested Hypotheses and its Relationship to the Schwarz Criterion"*. Journal the Ameriacan Statistical Association, vol. 90, no. 431, pages 928–934, Septembre 1995. 136

[Khotanzad & Hong 1990] A. Khotanzad et Y.H. Hong. *"Invariant image recognition by zernike moments"*. IEEE transactions on Pattern Analysis and Machine Intelligence, vol. 12, no. 5, pages 489–497, May 1990. 25

[Kiryati *et al.* 2000] N. Kiryati, H. Kalviainen et S. Alaoutinen. *"Randomized or probabilistic Hough transform : unified performance evaluation"*. Pattern recognition Letters, vol. 21, no. 13-14, pages 1157–1164, 2000. 54

[Koenderink & Doorn 1992] J. Koenderink et Van A. Doorn. *"Surface shape and curvature scales"*. Image and Vision Computing, vol. 10, no. 8, pages 557–565, 1992. 47

[Kons] Konstanz Database Kons. Universität Leipzig Institut für Informatik http:// shape.cs.princeton.edu/benchmark/. 39

[Koutsoudis *et al.* 2010] A. Koutsoudis, G. Pavlidis et C. Chamzas. *"Detecting Shape Similarities in 3D Pottery Repositories"*. 2010. 98

[Lakehal & El-Beqqali 2010a] A. Lakehal et O. El-Beqqali. *"Indexation de base de formes 2D par un nouveau descripteur"*. Deuxième édition de la Rencontre Nationale en Informatique : Outils et Applications RNIOA'2011, Errachidia, Morocco, 24-25 Mars 2010. 75, 91

[Lakehal & El-Beqqali 2010b] A. Lakehal et O. El-Beqqali. *"Retrieval of Similar Shapes Under Affine Transform Using Affine Length Parameterization"*. Journal of Computer Science, vol. 10, no. 6, pages 1226–1232, août 2010. 75, 87

[Lakehal & El-Beqqali 2011] A. Lakehal et O. El-Beqqali. *"New Method For 3D Shape Retrieval"*. International Journal of Computer Science and Information Technology (IJCSIT), vol. 3, no. 5, pages 89–98, October 2011. 97, 112

[Lakehal & El-Beqqali 2012a] A. Lakehal et O. El-Beqqali. *"3D Shape Indexing and Retrieval Using Characteristics level images"*. International Journal of Computer Science Issues (IJCSI), USA, vol. 9, no. 3, Mai 2012. 116, 119

[Lakehal & El-Beqqali 2012b] A. Lakehal et O. El-Beqqali. *"Descripteur 3D basé sur les Images de Niveaux Caractéristiques "*. International Conference on Multimedia Computing and Systems ICMCS'12, Tangier, Morocco, Mai 2012. 119

[Lakehal & El-Beqqali 2012c] A. Lakehal et O. El-Beqqali. *"Nouvelle méthode d'indexation de bases de formes 3D "*. SEVENTH INTERNATIONAL CONFERENCE ON INTELLIGENT SYSTEMS : THEORIES AND APPLICATIONS (SITA'12) Mohammedia, Morocco, 16-17 MAY 2012. 113

[Lee *et al.* 1994] T. Lee, L. Kashyap et C. Chu. *"Building skeleton models via 3d medial surface/axis thining algorithms"*. In Graphical models and image processing, vol. 56, no. 6, pages 462–478, 1994. 51

[Li 1992] Y. Li. *"Reforming the Theory of Invariant Moments for Pattern Recognition"*. Pattern Recognition, vol. 25, pages 723–730, 1992. 25

[Loncaric 1998] S. Loncaric. *"A survey of shape analysis techniques"*. Pattern Recognition, vol. 31, no. 8, pages 983–1001, août 1998. 75

[L.Wade 2000] L.Wade. *"Automated generation of control skeleton for use in animation"*. PhD thesis, L'Univérsité de Ohio State, 2000. 51

[Lyman & Varian 2003] P. Lyman et H. Varian. *"How much information"*. University of Berkeley, http://www.sims.berkeley.edu:8000/research/projects/how-much-info-2003/, 2003. 6

[Macqueen 1967] J. B. Macqueen. *"Some methods for classification and analysis of multivariate observations"*. In Proceedings of 5th Berkeley Symposium on Mathematical Statistics and Probability Berkeley, University of California, vol. 1, pages 281–297, 1967. 133

[Mahmoudi & Daoudi 2002] S. Mahmoudi et M. Daoudi. *"3D models retrieval by using characteristic views"*. International Conference on Pattern Recognition (ICPR 2002), Québec, Canada, pages 11–15, Aûot 2002. 61

[Mahmoudi & Daoudi 2003] S. Mahmoudi et M. Daoudi. *"Retrieval by shape using CSS and M-Tree"*. Third International Workshop on Content-Based Multimedia Indexing, Rennes, France, vol. 2, no. 2, pages 297–302, Séptembre 2003. 61

[Matusiak 1997] S. Matusiak. *Description Invariante et Locale des Formes Planes Applications à L'indexation d'une Base d'images*. PhD thesis, L'Univérsité de Valenciennes, 1997. 128

[McGillDB] McGillDB. McGill University, Shape Analysis Group, Centre for Intelligent Machines ans School of Coputer Science. McGill 3D shape Benchmark.http://www.cim.mcgill.ca/~shape/benchMark/. 39

[McLaughlin 1998] R. A. McLaughlin. *"Rndomized Hough Transform : Improved ellipse detection with comparison*. Pattern recognition Letters, vol. 19, no. 3-4, pages 299–305, 1998. 54

[Milnor 1963] J. W. Milnor. *"Morse theory"*. Princeton University Press, Princeton, NJ, 1963. 51

[Mokhtarian & Abbasi 2001] F. Mokhtarian et S. Abbasi. *"Affine Curvature Scale Space with Affine Length Parametrisation"*. Pattern Analysis and Applications, Springer-Verlag, pages 1–8, 2001. 88, 128

[Mokhtarian & Mackworth 1988] F. Mokhtarian et A. K. Mackworth. *"The Renormalized Curvature Scale Space and the Evolution Properties of Planar Curves"*. IEEE Computer Vision and Pattern Recognition Conference (CVPR), vol. 318-326, 1988. 123

[Mokhtarian & Mackworth 1992] F. Mokhtarian et A. K. Mackworth. *"A Theory of Multiscale, Curvature-Based Shape Representation for Planar Curves"*. in IEEE Transactions on Pattern Analysis and Machine Intelligence, vol. PAMI-14, no. 8, pages 789–805, août 1992. 6, 70, 123

[MPEG7] MPEG7 Vedio Group MPEG7. Database `http://merkure01.inf.uni-Kanstanz.de/CCCC/`. 39

[Napoléon 2010] T. Napoléon. *Indexation multi-vues et recherche d'objets*. PhD thesis, Télécom ParisTech, 2010. viii, 62

[Nayar 1996] S. K. Nayar. *"Real-time object recognition system"*. International Conference on Robotics and Automation, 1996. 59

[Novotni & Klein 2004] M. Novotni et R. Klein. *"Shape retrieval using 3D Zernike descriptors"*. Computer Aided Design, vol. 36, no. 11, pages 1047–1062, 2004. 55, 59

[Osada *et al.* 2001] R. Osada, T. Funkhouser et B. Chazelleand D. Dobkin. *"Matching 3D Models with Shape Distributions"*. Proceedings of the International Conference on Shape Modeling & Applications (SMI '01), IEEE Computer Society, Washington, DC, Etat-Unis, 2001. 48

[Ozer *et al.* 1999] B. Ozer, W. Wolf et A. N. Akansu. *"A graph based object description for information retrieval in digital image and video libraries"*. IEEE Workshop on Content-based Access of Image and Video Libraries (CBAIVL), pages 79–83, 1999. 24

[Park & Chang 1999] J. S. Park et D. H. Chang. *"2-D Invariant Descriptors for Shape-Based Image Retrieval"*. KISS Fall Conference, Kwangwoon University, Korea, vol. 26, no. 2, pages 554–556, octobre 1999. 25

[Pavlidis 1978] T. Pavlidis. *"A review of algorithms for shape analysis"*. Computer Graphics Image Processing, vol. 7, no. 2, pages 243–258, avril 1978. 75

[Pelleg & Moore 2000] D. Pelleg et A. W. Moore. *"X-means : Extending X-means with Efficient Estimation of the Number of Clusters"*. Seventeenth International Conference on Machine Learning (ICML '00), Morgan Kaufmann Publishers Inc, Etat-Unis, pages 727–734, 2000. 62

[Pelleg & Moore 2002] D. Pelleg et A. Moore. *"X-means : Extending kmeans with efficient estimation of the number of clusters"*. In International Conference on Machine Learning, pages 727–734, 2002. 117, 135

[Pentland *et al.* 1996] A. Pentland, R. Picard et S. Sclaroff. *"Photobook : Content-base Manipulation for Image Databases"*. International Journal of computer Vision, vol. 13, no. 3, pages 233–254, 1996. 19

[Persoon & Fu 1977] E. Persoon et K. S. Fu. *"Shape discrimination using fourier descriptors"*. IEEE trans. Sys.Man, Cyb, vol. 7, no. 3, mars 1977. 6, 21

[Peura 1997] M. Peura. *"Efficiency of simple shape descriptors. In Visual Form : Analysis and Recognition"*. pages 443–451, May 1997. 7, 9, 10

[Philip *et al.* 1994] K. P. Philip, E. L. Love, D. D. McPherson, N. L. Gotteiner, W. Stanford, et K. B. Chandran. *"A fuzzy probabilistic model for the generalized Hough transform"*. IEEE Transactions on Medical Image Processing, vol. 13, no. 2, 1994. 54

[Pu *et al.* 2004] J. Pu, Y. Liu, X. Gu, W. Liu H. Zha et Y. Uehara. *"3D model retrieval based on 2D slice similarity measurements"*. In the second International Symposium on 3D Data Processing, Visualization, and Transmission (3DPVT'04), Thessaloniki, Greece, vol. 21, pages 95–101, Septembre 2004. viii, 62, 63

[PurdureDB] PurdureDB. Purdure University, Center for Information Sciebces in Engineering. Purdure Engineering Shape Benchmark. http://shapelab.ecn.purdue.edu/Benchmark.aspx. 39

[Raftery 1995] A. E. Raftery. *" Bayesian model selection in social research (with discussion)"*. Sociological Methodology, pages 111–196, 1995. 136

[Rauber 1994] T. W. Rauber. *"Two-diemnsional shape description"*. Rapport technique GRUNINOVA-RT-10-94, UNINOVA - Intelligent Robotics Center Quinta da Torre, Monte de Caparica, Portugal - Universidade Nova de Lisboa, 1994. 22

[Riesenhuber & Poggio 2000] M. Riesenhuber et T. Poggio. *"Models of object recognition"*. Nature neuroscience, 2000. 98

[Rosin 1999] P.L. Rosin. *"Measuring rectangularity"*. Machine Vision and Applications, vol. 11, no. 4, pages 191–196, 1999. 9

[Rosin 2003] P.L. Rosin. *"Measuring shape : Ellipticity, rectangularity, and triangularity"*. Machine Vision and Applications, vol. 14, no. 3, pages 172–184, juillet 2003. 10

[RSDB] RSDB. Semantic Project (3D Service d'Echange et de MANipulation Tatouage, Indexation et Copression). Renault Semantic Database. http://liris.cnrs.fr/semantic-3d/SEMANTIC-3D.htm. 39

[Rubner *et al.* 200] Y. Rubner, C. Tomasi et L. J. Guibas. *"The Earth Mover's Distance as a Metric for Image Retrieval"*. International Journal of Computer Vision, Netherlands, pages 99–121, 200. 109

[Rui *et al.* 1996] Y. Rui, A. SHhe et T. Huang. *"Modified Fourier descriptors for shape representation-a practical approach "*. Workshop on Image Databases and Multimedia Search, Amsterdam, Netherlands, 1996. 22

[Salton 1992] G. Salton. *"The State of Retrieval System Evaluation"*. Information Processing and Management, vol. 28, no. 4, 441-450 1992. 18

[Saupe & Vranic 2001] D. Saupe et D. V. Vranic. *"3D Model Retrieval with Spherical Harmonics and Moments "*. Dans the 23rd Symposium on Pattern Recognition (DAGM '01), Springer-Verlag, Londres, Royaume-Unis, pages 392–397, 2001. 55

[Schwarz 1978] G. Schwarz. *"Estimating the dimension of a model"*. The Annals of Statistics, vol. 6, no. 2, pages 461–466, Mar 1978. 135, 136

[SculpteurDB] SculpteurDB. Sculpteur R&D Project (Semantic and content-based multimedia exploitation for European benefit).Sculpteur Database. http://www.sculpteurweb.org/. 39

[Sebastian *et al.* 2001] T. B. Sebastian, P. N. Klein et B. B. Kimia. *"Recognition of Shapes by EditingShock Graphs "*. International Conference on Computer Vision (ICCV), vol. 755-762, 2001. vii, 27

[Sharvit *et al.* 1998] D. Sharvit, J. Chan, H. Tek et B. B. Kimia. *"Symmetry-based indexing of image databases"*. IEEE Workshop on Content-based Access of Image and Video Libraries (CBAIVL), pages 56–62, janvier 1998. 27

[Sherbrooke *et al.* 1996] E. Sherbrooke, N. Patrikakalis et E. Brisson. *"An algorithm for the medial axis transform of 3d polyhedral solids"*. In IEEE Transactions on Visualization and Computer Graphics, vol. 2, no. 1, 1996. 50, 51

[Shilane *et al.* 2004] P. Shilane, P. Min, M. Kazhdan et T. Funkhouser. *"The Princeton Shape Benchmark"*. Dans Shape Modeling International (SMI '05)Genève, Italie http://shape.cs.princeton.edu/benchmark/, pages 167–178, 2004. 39, 111

[Shinagawa *et al.* 1991] Y. Shinagawa, T. L. Kunii et Y. L. Kergosien. *"Surface Coding Based on Morse Theory"*. IEEE Computer Graphics and Applications, vol. 11, no. 5, pages 66–78, Septembre 1991. 51

[SHREC'07] SHREC'07. Network of Excellence Project AIM@SHPAE, Utrecht University, Center for Geometry, Imaging and Virtual Environments. SHREC'07 Face Database. http://give-lab.cs.uu.nl/SHREC/shrec2007. 39

[SHREC'09 a] SHREC'09. Network of Excellence Project AIM@SHPAE, National Institut of Standards and Technology. SHREC'09 Generic Database http://www.itl.nist.gov/iad/vug/sharp/benchmark/shrecGeneric/data.html. 39

[SHREC'09 b] SHREC'09. IMATI-CNR shape modelling group network of excellence Project AIM@SHPAE : Shrec'09 structural shape retrieval Database. http://shrec.ge.imati.cnr.it/SHREC_2009_-_Structural_Shape_Retrieval/Home.html. 39

[Soffer 1997] A. Soffer. *"Negative shape features for image databases consisting of geographic symbols"* in Proc. *3rd International Workshop on Visual Form*. May 1997. 11

[Sonka *et al.* 1993] M. Sonka, V. Hlavac et R. Boyle. *"Image Processing, Analysis and Machine Vision"*. Chapman and Hall, London, UK, NJ, pages 193–242, 1993. 21

[Soodamani & Liu 1998] R. Soodamani et Z. Liu. *"A novel fuzzy Hough transform for shape representation"*. EEE International Conference on Fuzzy Systems (FUZZ'98), Anchorage, Alaska, Etat-Unis, vol. 13, no. 2, pages 1605–1608, 1998. 54

[Squire & Caelli 2000] D. M. Squire et T. M. Caelli. *"Invariance Signature : Characterizing Contours by Their Departures from Invariance"*. Computer Vision and Image Understanding, vol. 77, pages 284–316, 2000. 20

[Takahashi *et al.* 1995] S. Takahashi, T. Ikeda, Y. Shinagawa T. L. Kunii et M. Ueda. *"Algorithms for extracting correct critical points and constructing topological graphs from discrete geographical elevation data"*. Eurographics, vol. 14, pages 181–192, 1995. 53

[Tanase & Veltkamp 2003] M. Tanase et R. Veltkamp. *"Polygon decomposition based on the straight line skeleton"*. In Lecture Notes in Computer Science, Springer-Verlag, vol. 2616, pages 247–267, 2003. 50

[Taubin & Cooper 1992] G. Taubin et D. B. Cooper. *"Object Recognition Based on Moment (or Algebraic)Invariants"*. Dans J. MUNDY and A. ZISSERMAN, rédacteurs, Geometric Invariance in Computer Vision, pages 375–397, 1992. 25

[Thibault 2009] G. Thibault. *Indices de formes et de textures : de la 2D vers la 3D Application au classement de noyaux de cellules*. PhD thesis, L'Univérsité d'Aix-Marseille, 2009. x, 134

[Trier *et al.* 1996] O. D. Trier, A. K. Jain et T. Taxt. *"Feature-extraction methods for character-recognition : A survey"*. Pattern Recognition, vol. 29, no. 4, pages 641–662, avril 1996. 75

[Tung & Schmitt 2004] T. Tung et F. Schmitt. *"Indexation d'objets 3D par Graphe de Reeb Multirésolution Augmenté"*. 14 ème Congrès Francophone AFRIF-AFIA de Reconnaissance des Formes et Intelligence Artificielle (RFIA'04),Atelier Analyse de données, Statistique et Apprentissage pour la Fouille d'Images, Toulouse, France, pages 49–54, Jan 2004. viii, 52, 53

[UDB] UDB. Utrecht University, Center for Geometry, Imaging and Virtual Environments. Ultrecht Database. http://www.cs.uu.nl/centers/give/multimedia/3Drecog/3Dmatching.html. 39

[van Otterloo 1991] P. J. van Otterloo. *"A contour-Oriented Approach to Shape Analysis"*. Prentice Hall International(UK) Ltd, pages 90–108, 1991. 20

[Vranic *et al.* 2001] D. Vranic, D. Saupe et J. Richter. *"Indexation de maillages 3d par descripteurs de forme"*. IEEE Workshop Multimedia Signal Processing, Cannes, France, pages 293–298, 2001. 42

[Vranic 2001] D. V. Vranic. *"3D Shape Descriptor Based on 3D Fourier Transform"*. EURASIP Conference on Digital Signal Processing for Multimedia Communications and Services (ECMCS '01), Budapest, Hongrie, pages 271–274, 2001. 55, 56

[Vranic 2004] D. V. Vranic. *"3D Model Retrieval"*. PhD thesis, L'Univérsité de LEIPZIG, 2004. 45, 60

[Xiao *et al.* 2003] Y. Xiao, P. Siebert, et N. Werghi. *"A discrete reeb graph approach for the segmentation of human body scans"*. In 3DIM, 4th Int. Conf. on 3D Digital Imaging and Modeling, vol. 14, pages 378–385, 2003. 53

[Xu & Li 2006] D. Xu et H. Li. *"3-d surface moment invariants"*. Proceedings of 18th International Conference on Pattern Recognition., vol. 4, pages 173–176, 2006. 57

[Xu *et al.* 1990] L. Xu, E. Oja et P. Kultanen. *"A new curve detection method : randomized Hough transform (RHT)"*. Pattern recognition Letters, vol. 11, no. 5, pages 331–338, 1990. 54

[Yadava *et al.* 2007] R. B. Yadava, N. K. Nishchala, A. K. Gupta et V. K. Rastogi. *"Retrieval and classification of shape-based objects using fourier, generic fourier, and waveletfourier descriptors technique : A comparative study"*. Optics and Lasers in Engineering, vol. 45, no. 6, pages 695–708, 2007. 20, 123

[Yang & Algretsen 1994] L. Yang et F. Algretsen. *"Fast computation of invariant moments : A new method giving correct results"*. International Conference on Image Processing (ICIP), 1994. 25

[YorkDB] YorkDB. The University of York, Departelment of Computer Science. York University Database. http://www-users.cs.york.ac.uk/~nep/research/3Dface/tomh/3DFaceDatabase.html. 39

[Zaharia & Prêteux 2001] T. Zaharia et F. Prêteux. *"Hough transform-based 3D mesh retrieval"*. In SPIE Conference 4476 on Vision Geometry X, San Diego, CA, pages 175–185, August 2001. 54

[Zaharia & Prêteux 2002a] T. Zaharia et F. Prêteux. *"Indexation de maillages 3d par descripteurs de forme"*. RFIA, Angers, France, pages 48–57, 2002. vii, 47

[Zaharia & Prêteux 2002b] T. Zaharia et F. Prêteux. *"Shape-based retrieval of 3D mesh models"*. IEEE International Conference on Multimedia and Expo (ICME'2002), Lausanne, August 2002. 54

[Zaharia & Prêteux 2002c] T. Zaharia et F. Prêteux. *"Tools for 3d-object retrieval : Kahrune-loeve transform and spherical harmonics"*. RFIA, pages 48–57, 2002. 42, 46

[Zahn & Roskies 1972] C. T. Zahn et R. Z. Roskies. *"Fourier descriptors for plane closed curves"*. IEEE Trans. Computers, vol. 21, pages 269–281, 1972. 21

[Zernike 1934] F. Zernike. *"Diffraction theory of the cut procedure and its improved form, the phase contrast method"*. Physica, vol. 1, pages 689–704, 1934. 61

[Zhang & Lu 2001] D. S. Zhang et G. Lu. *"A Comparative Study on Shape Retrieval Using Fourier Descriptors with Different Shape Signatures"*. International Conference on Intelligent Multimedia and Distance Education, Fargo, ND, USA, pages 1–9, Juin 2001. 22

[Zhang & Lu 2002] D. S. Zhang et G. Lu. *"Shape-based image retrieval using generic Fourier descriptor"*. Signal Processing : Image Communication, vol. 17, no. 10, pages 825–848, 2002. 60

[Zhang & Lu 2004] D. Zhang et G. Lu. *Review of shape representation and description techniques*. Pattern recognition, vol. 37, pages 1–19, 2004. 19

[Zhang 2002] D. S. Zhang. *"A comparative study of Fourier descriptors for shape representation and retrieval"*. in : Proceedings of the Fifth Asian Conference on Computer Vision (ACCV02), Melbourne, Australia, pages 646–651, January 2002. 20

www.ingramcontent.com/pod-product-compliance
Lightning Source LLC
Chambersburg PA
CBHW021056210326
41598CB00016B/1222